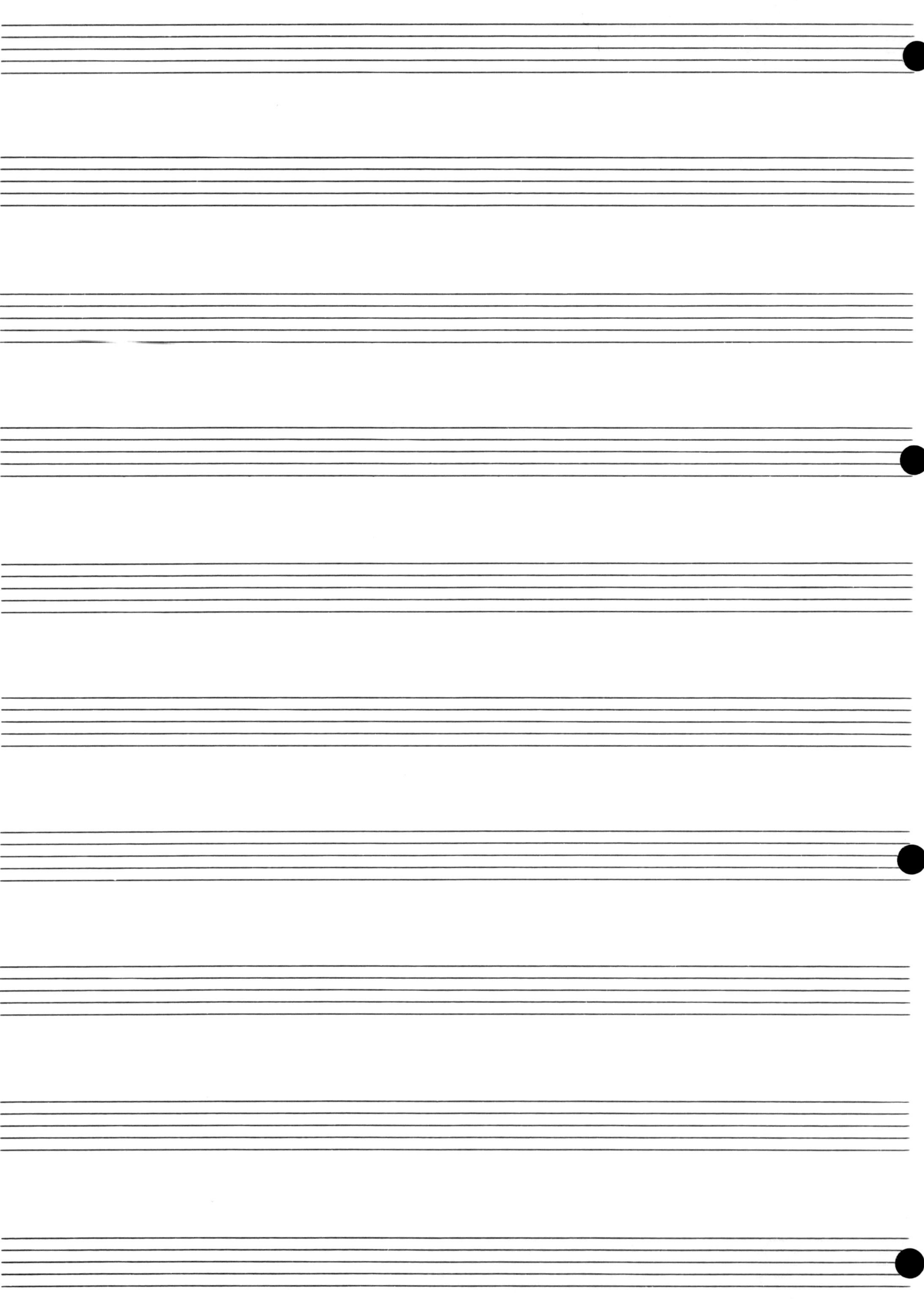

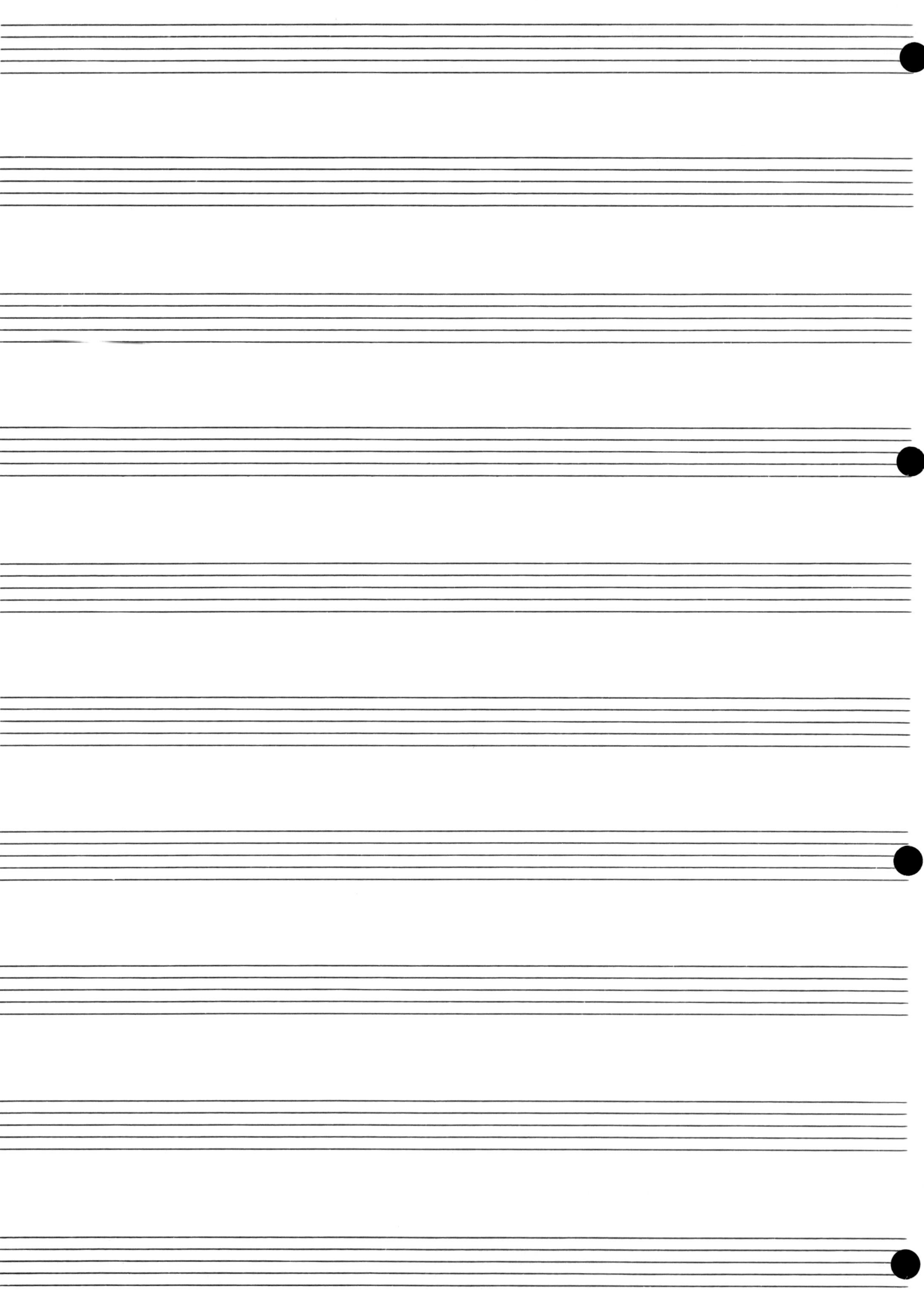

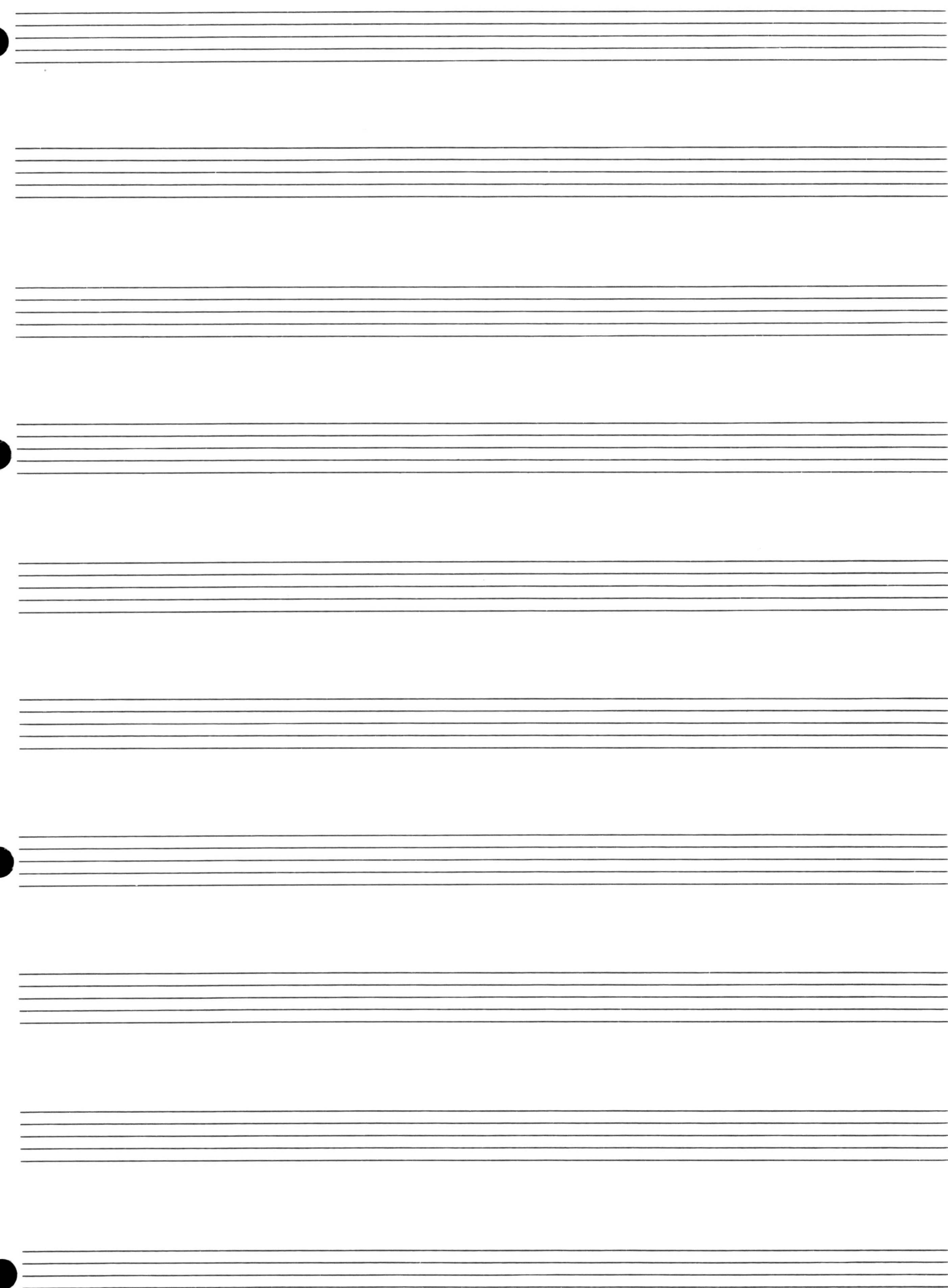

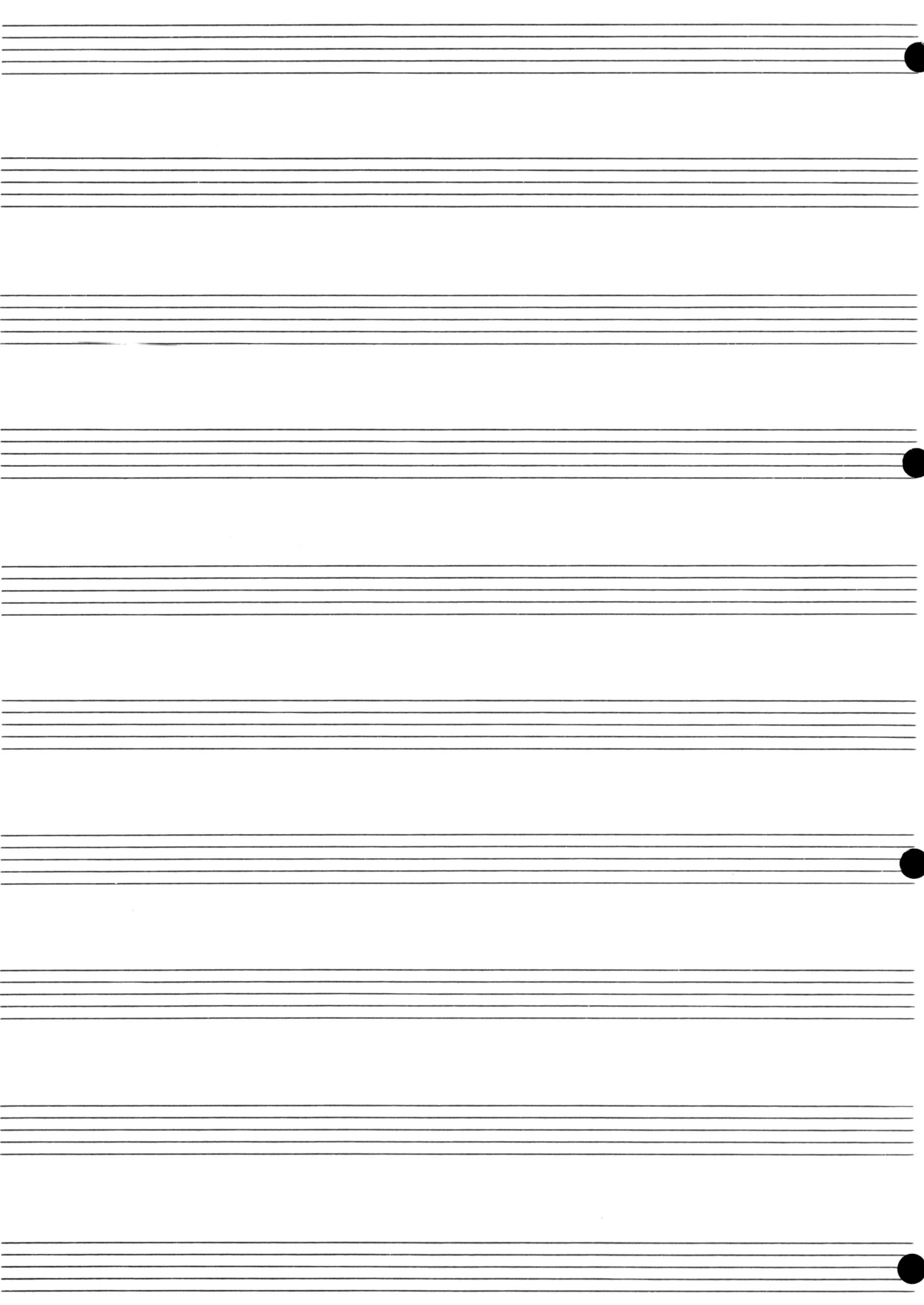

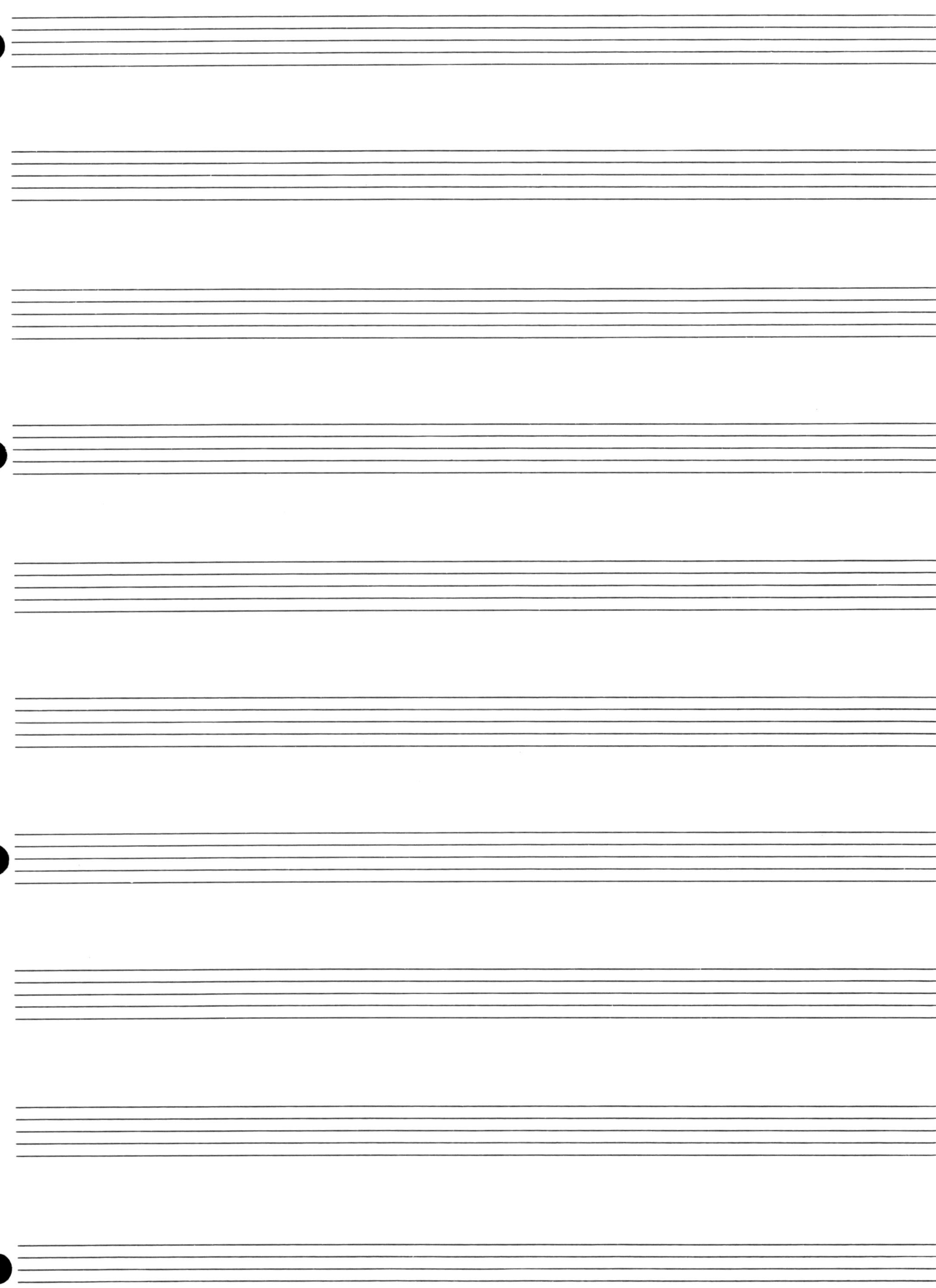

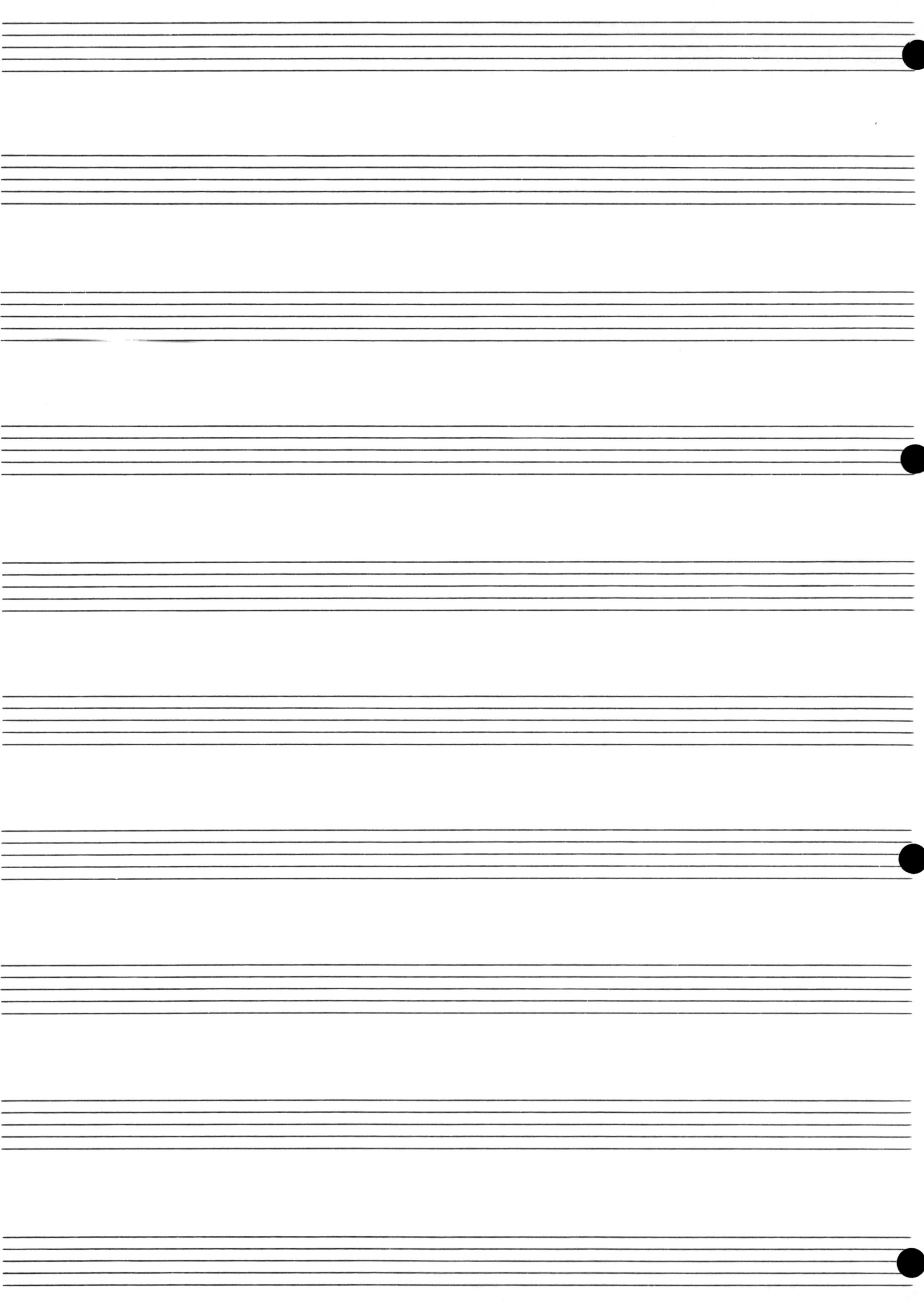

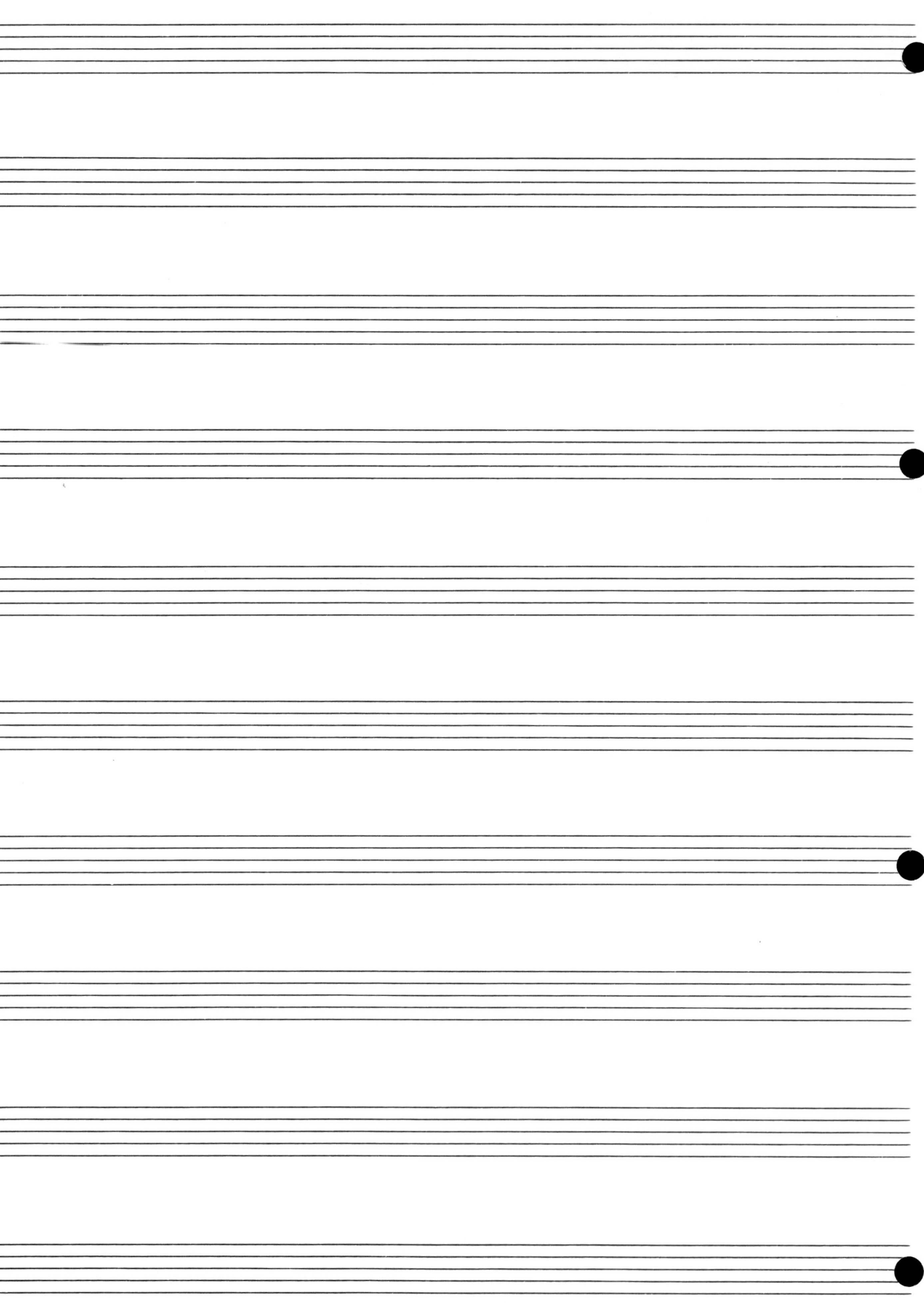

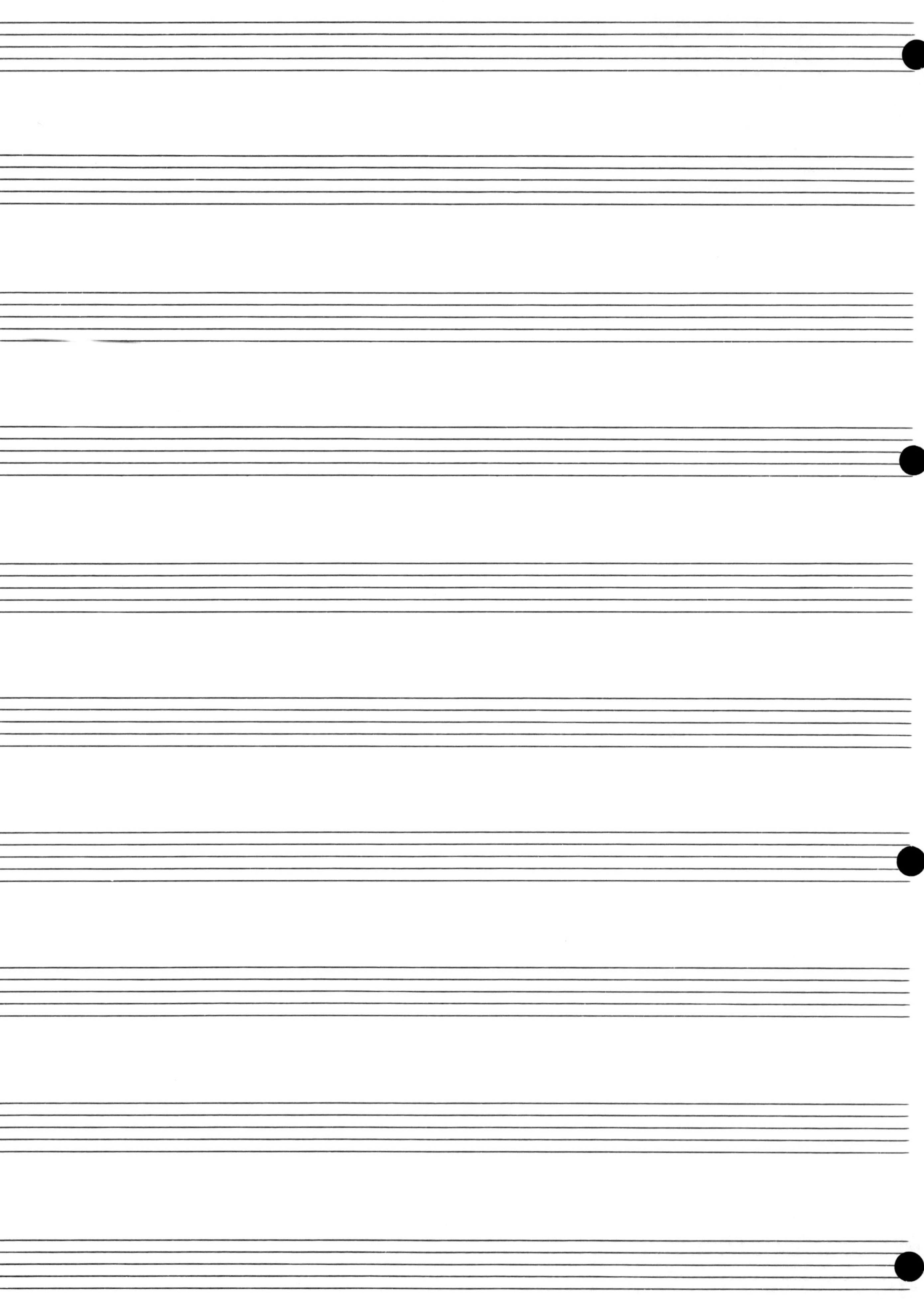

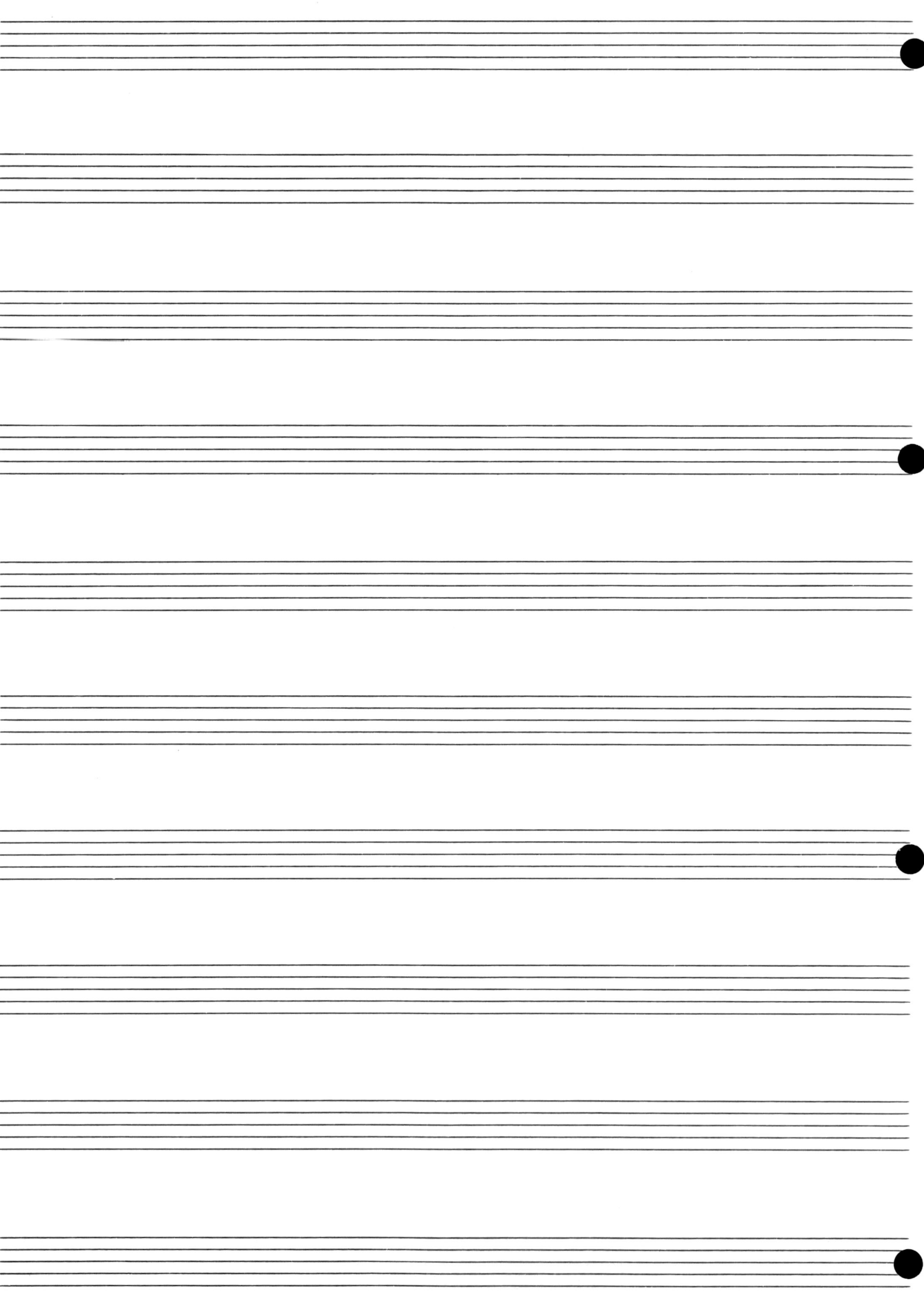

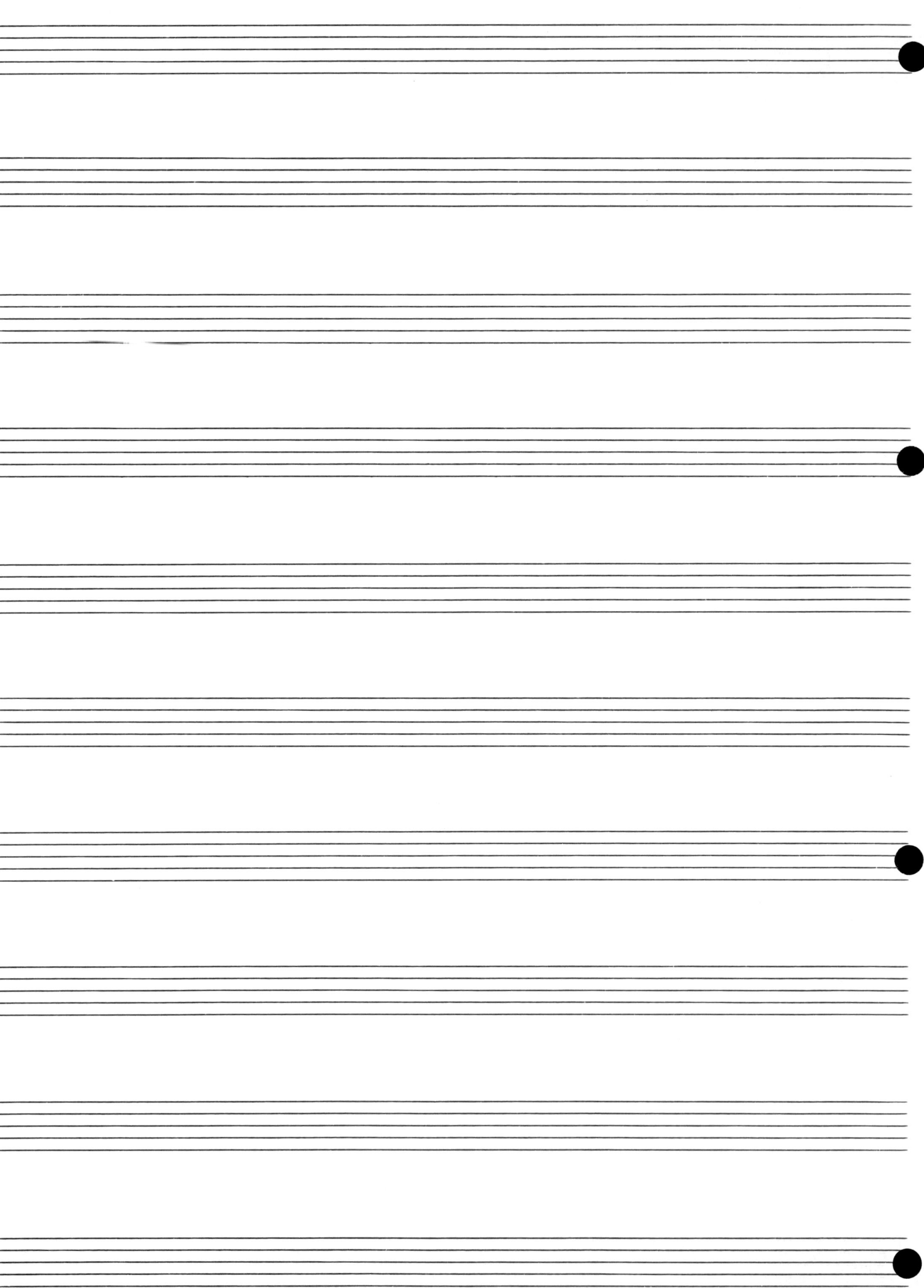

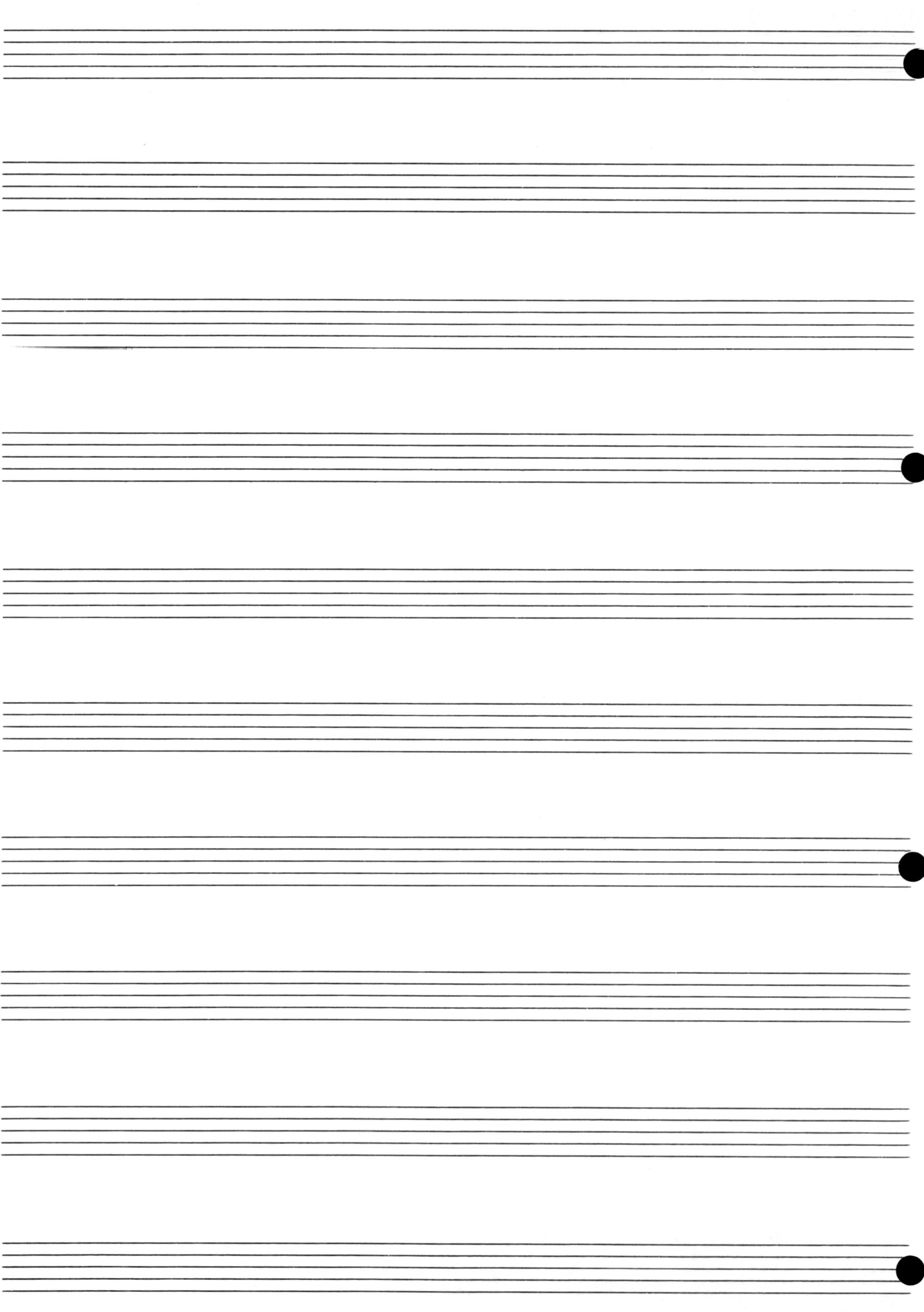

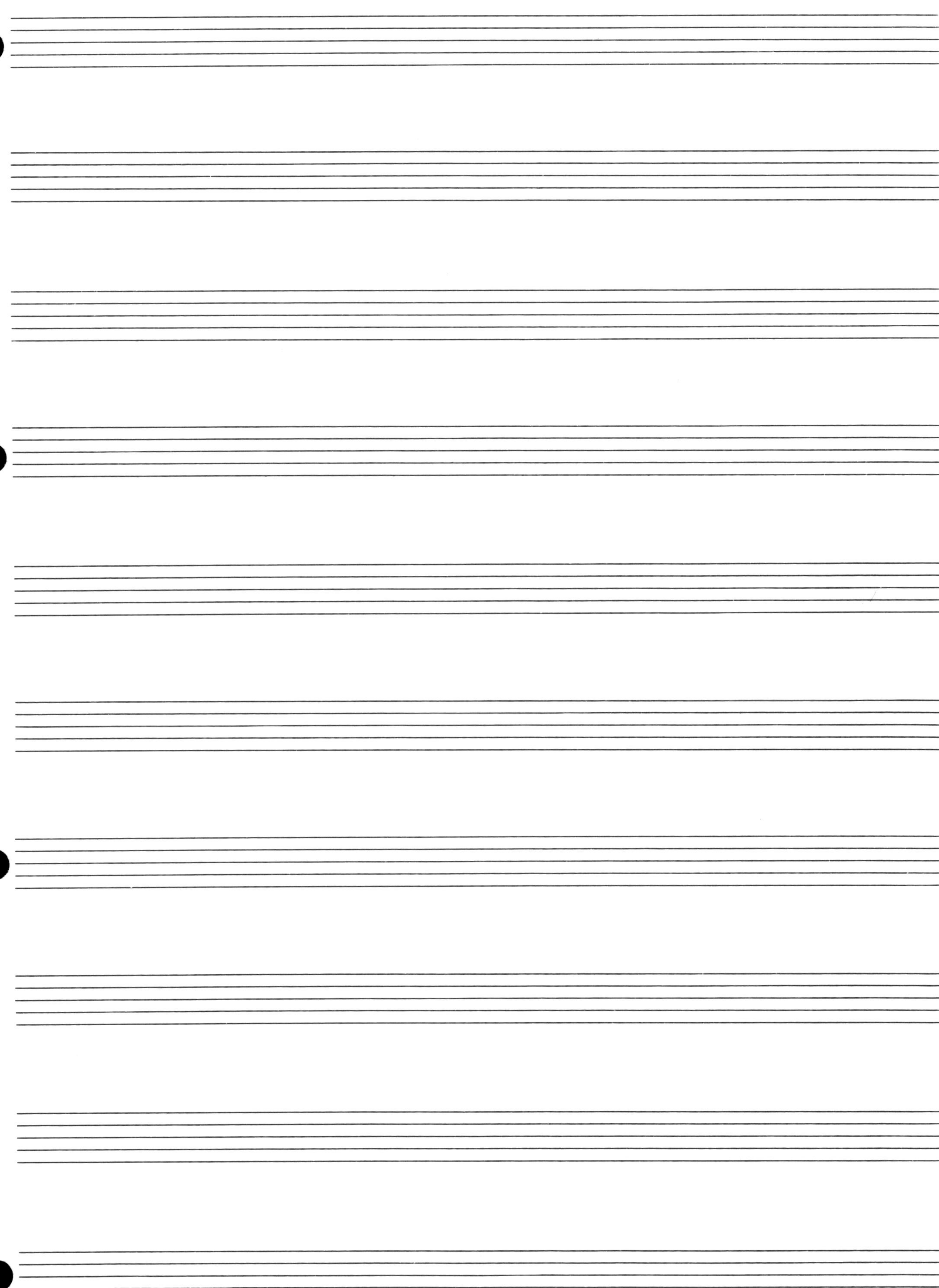

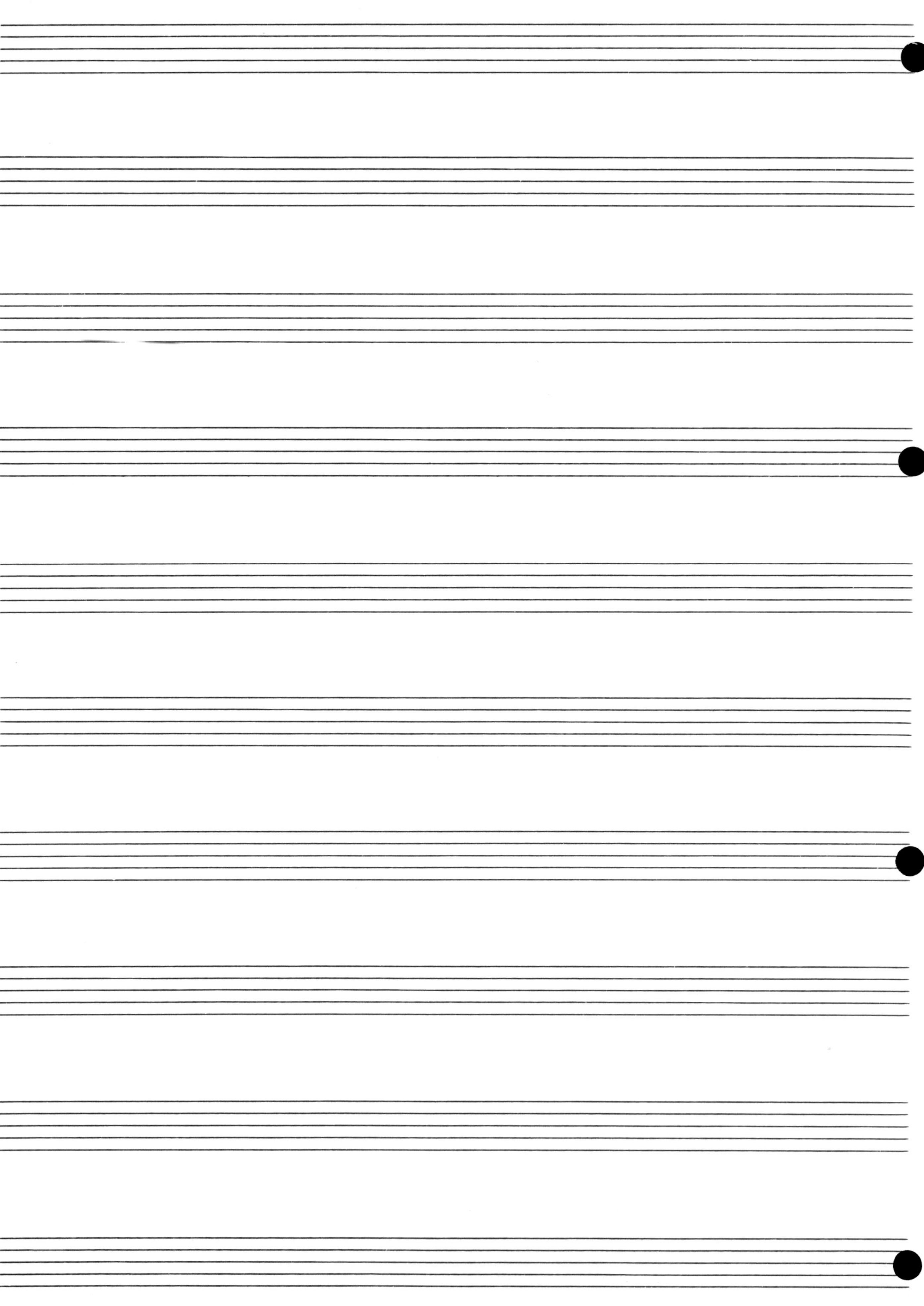

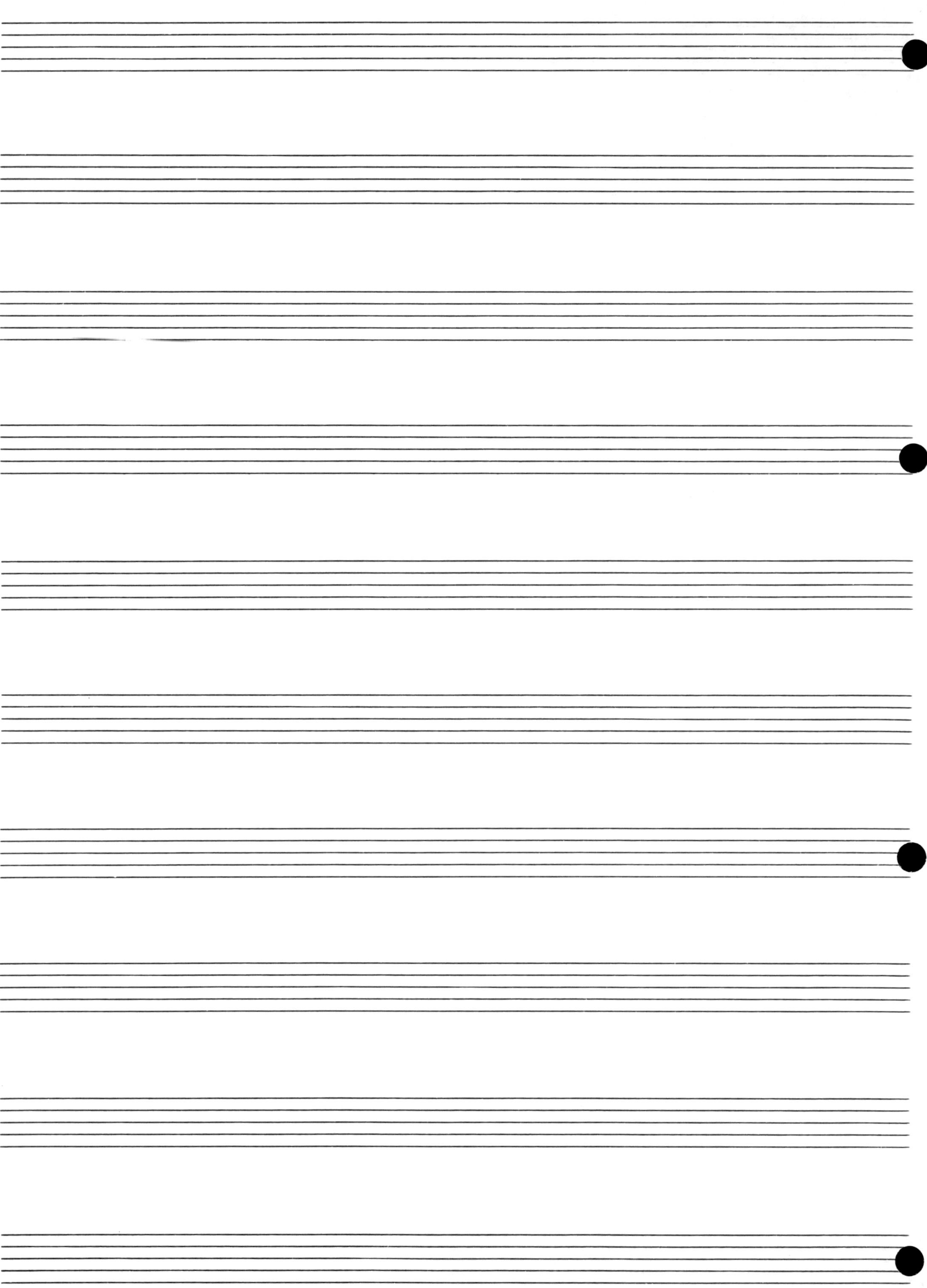

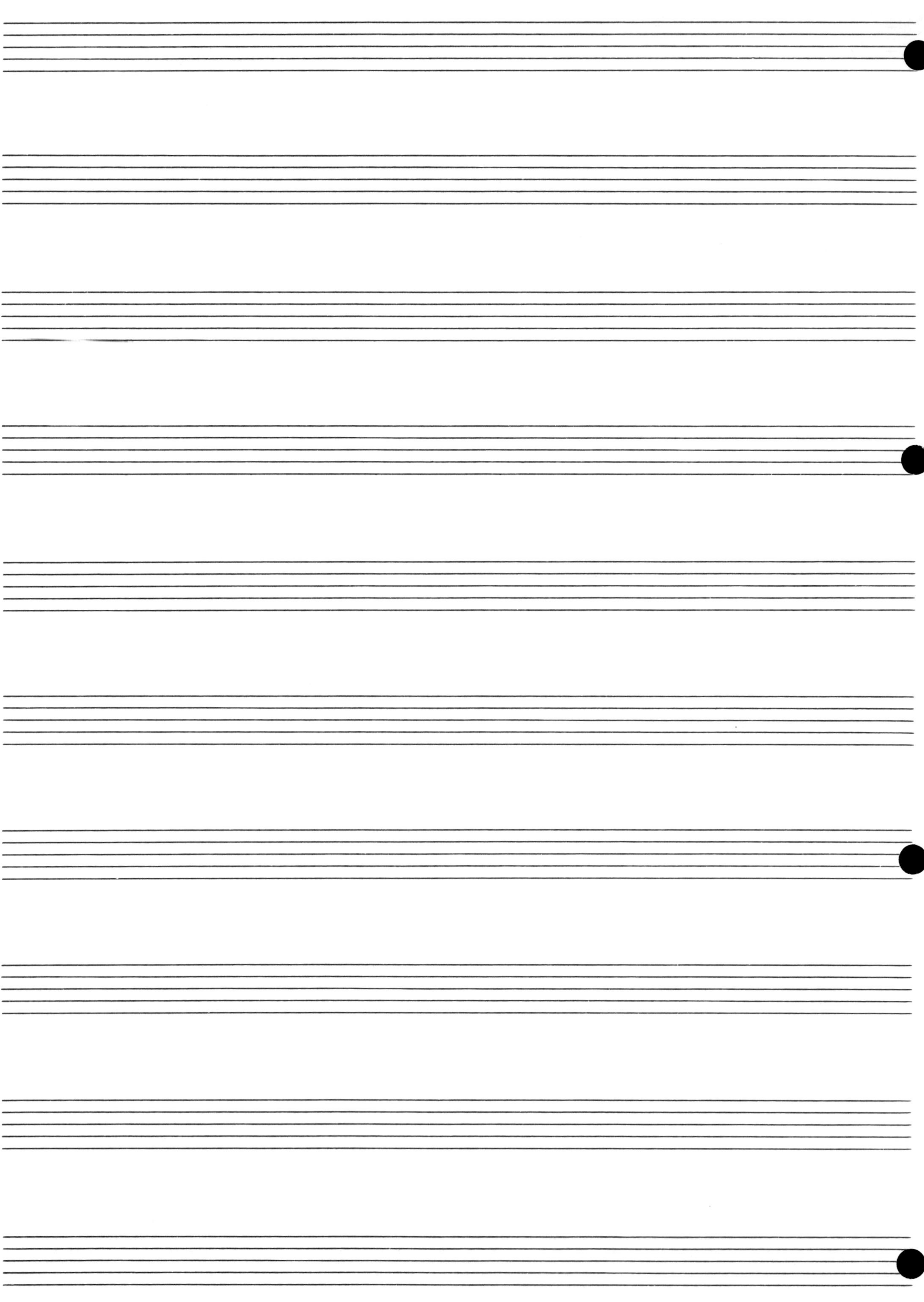

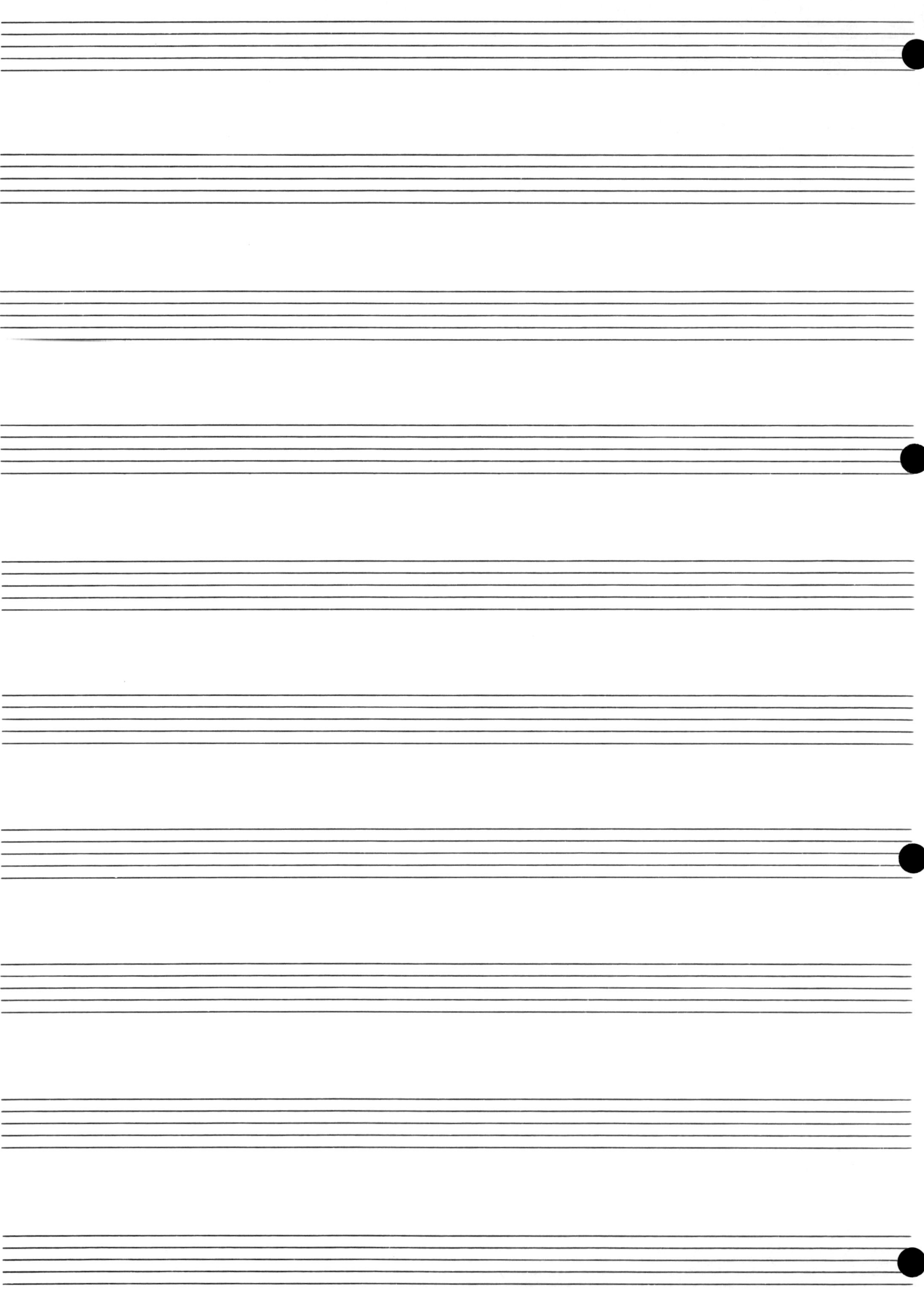

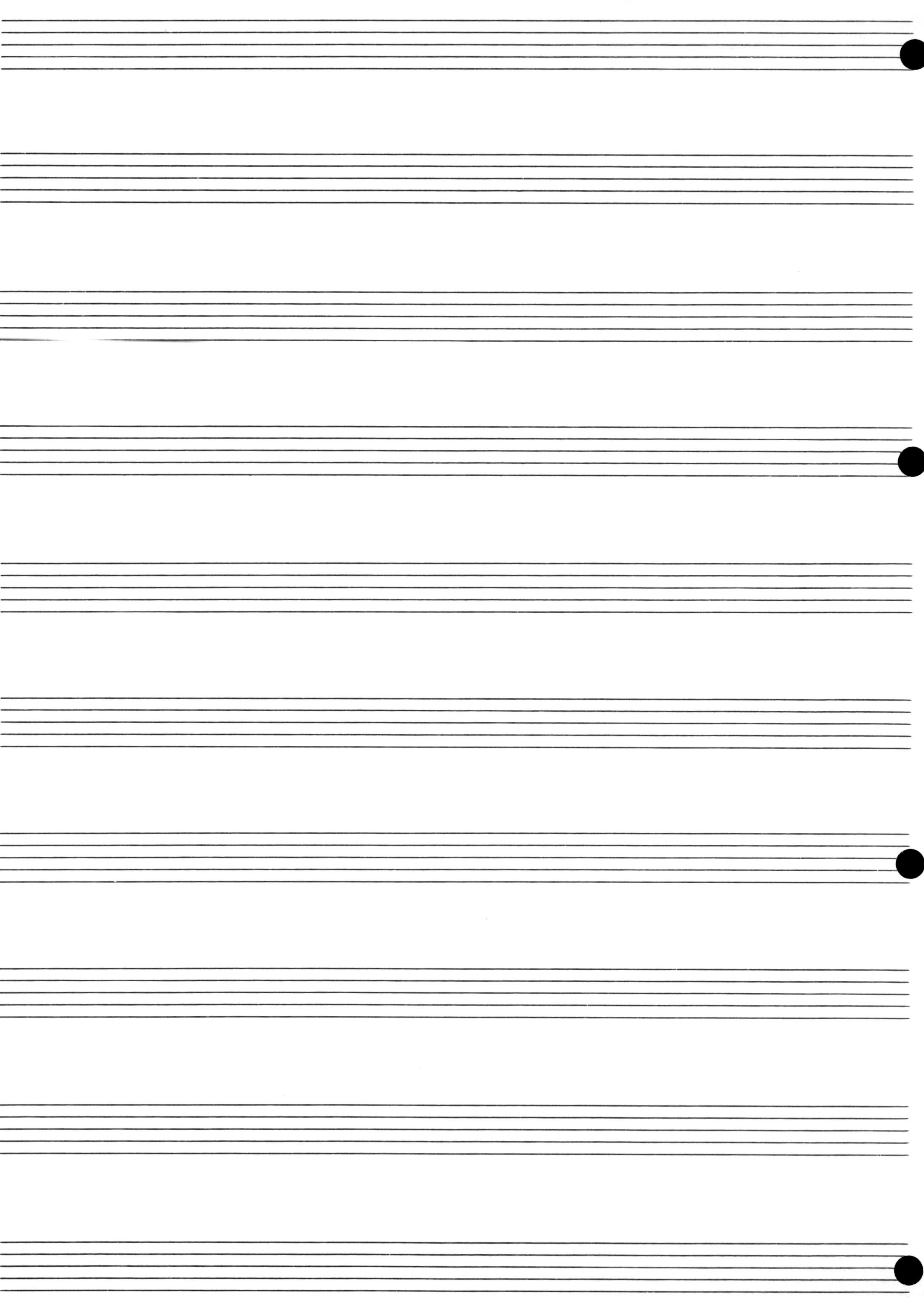

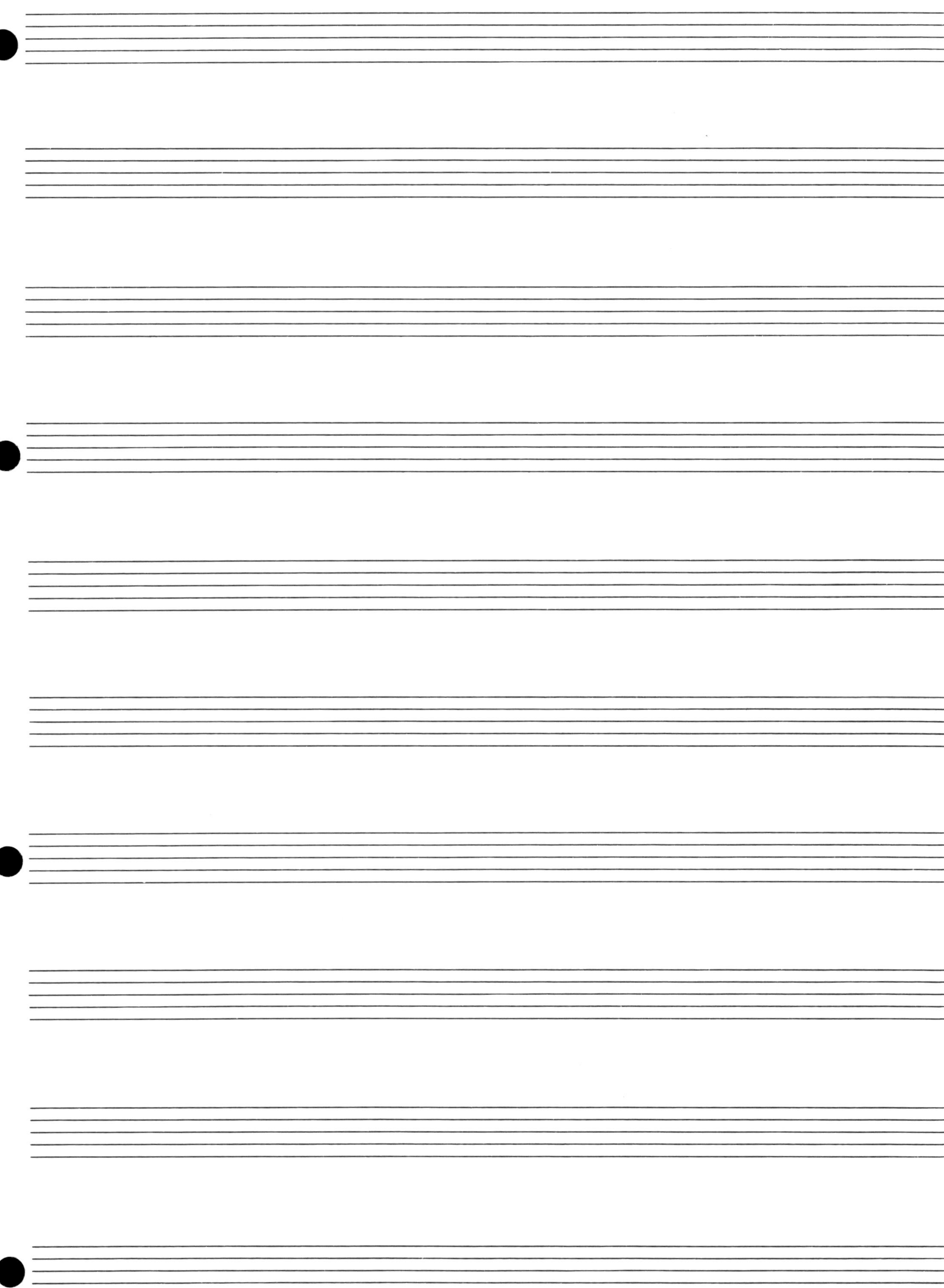

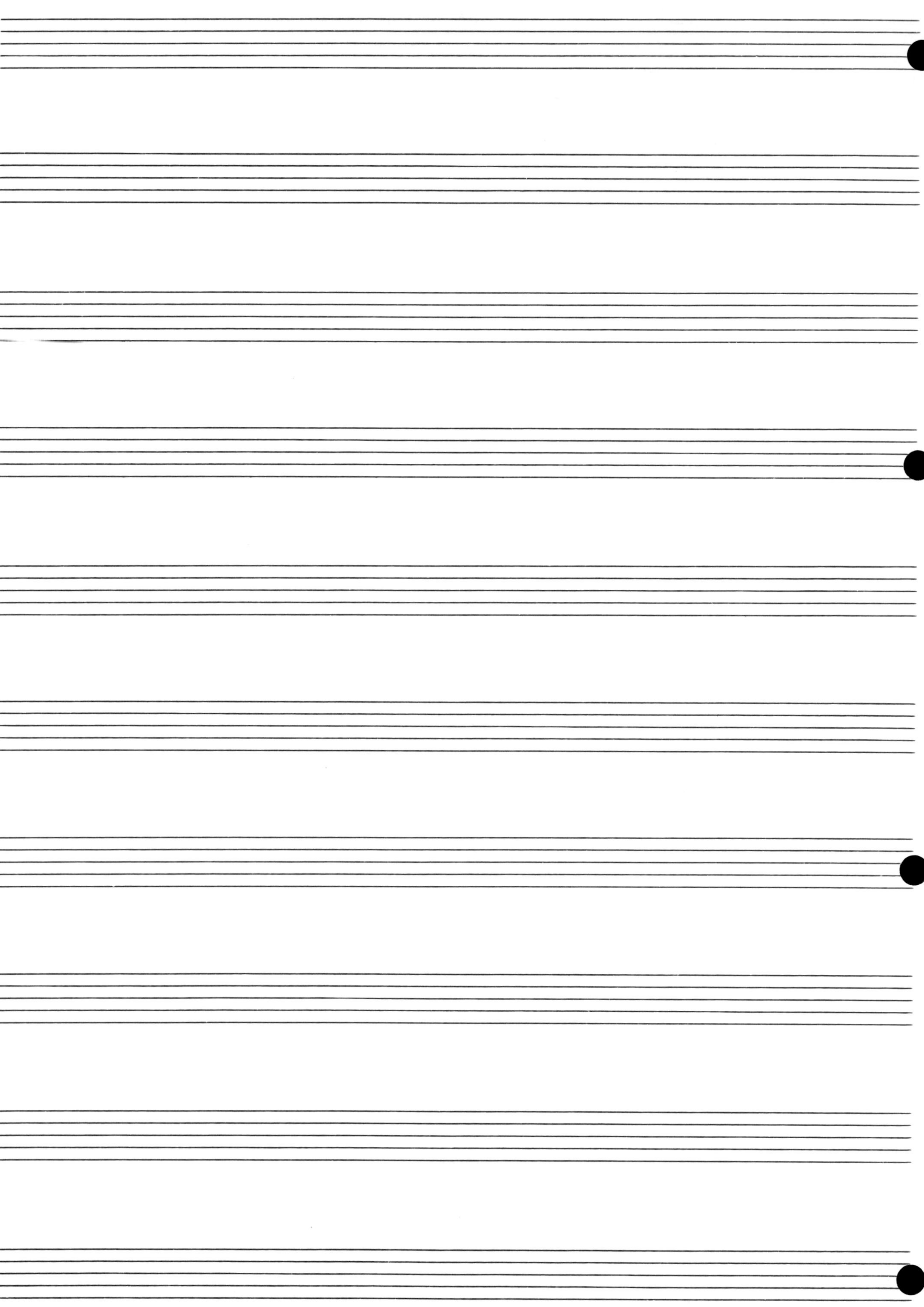

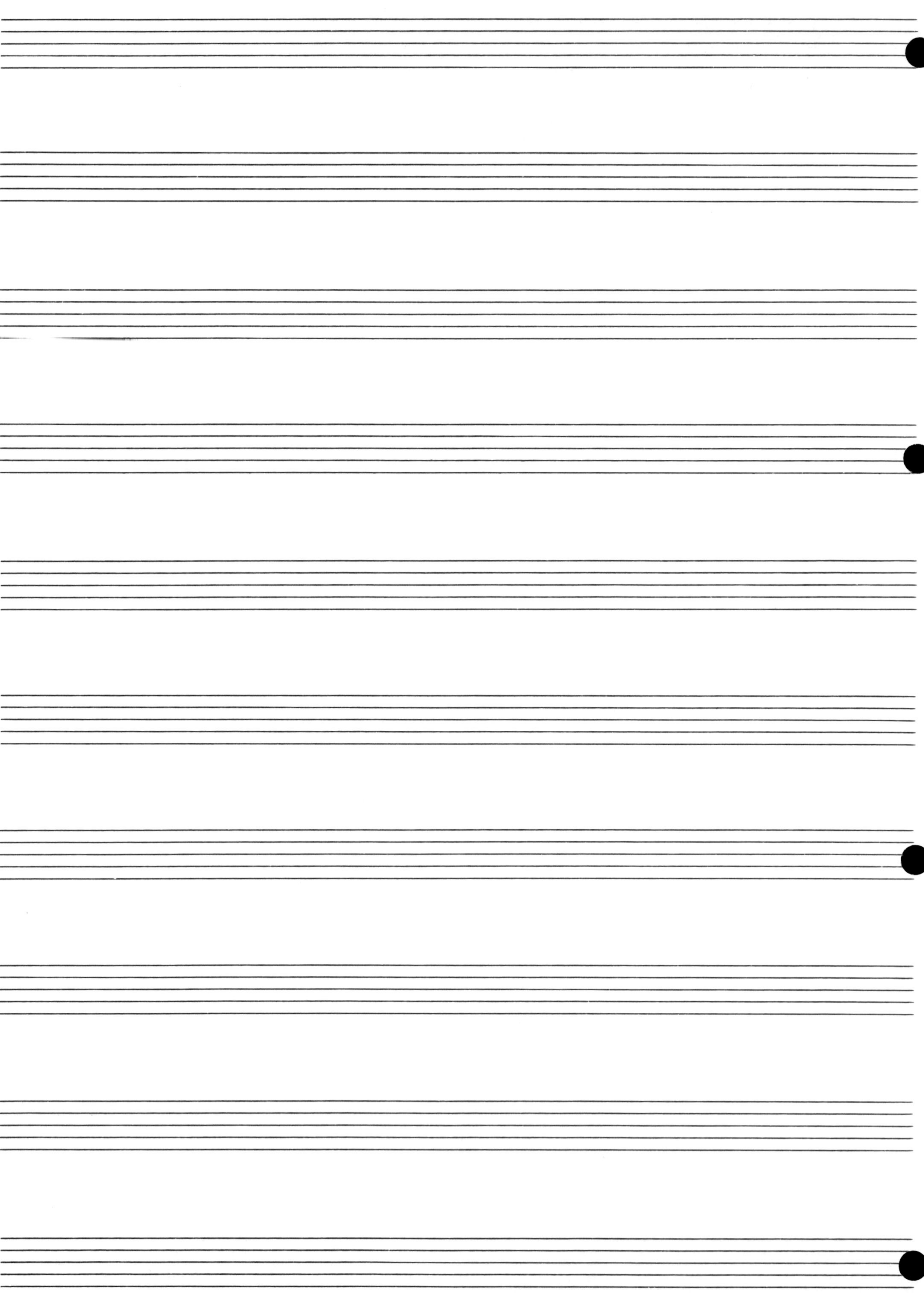

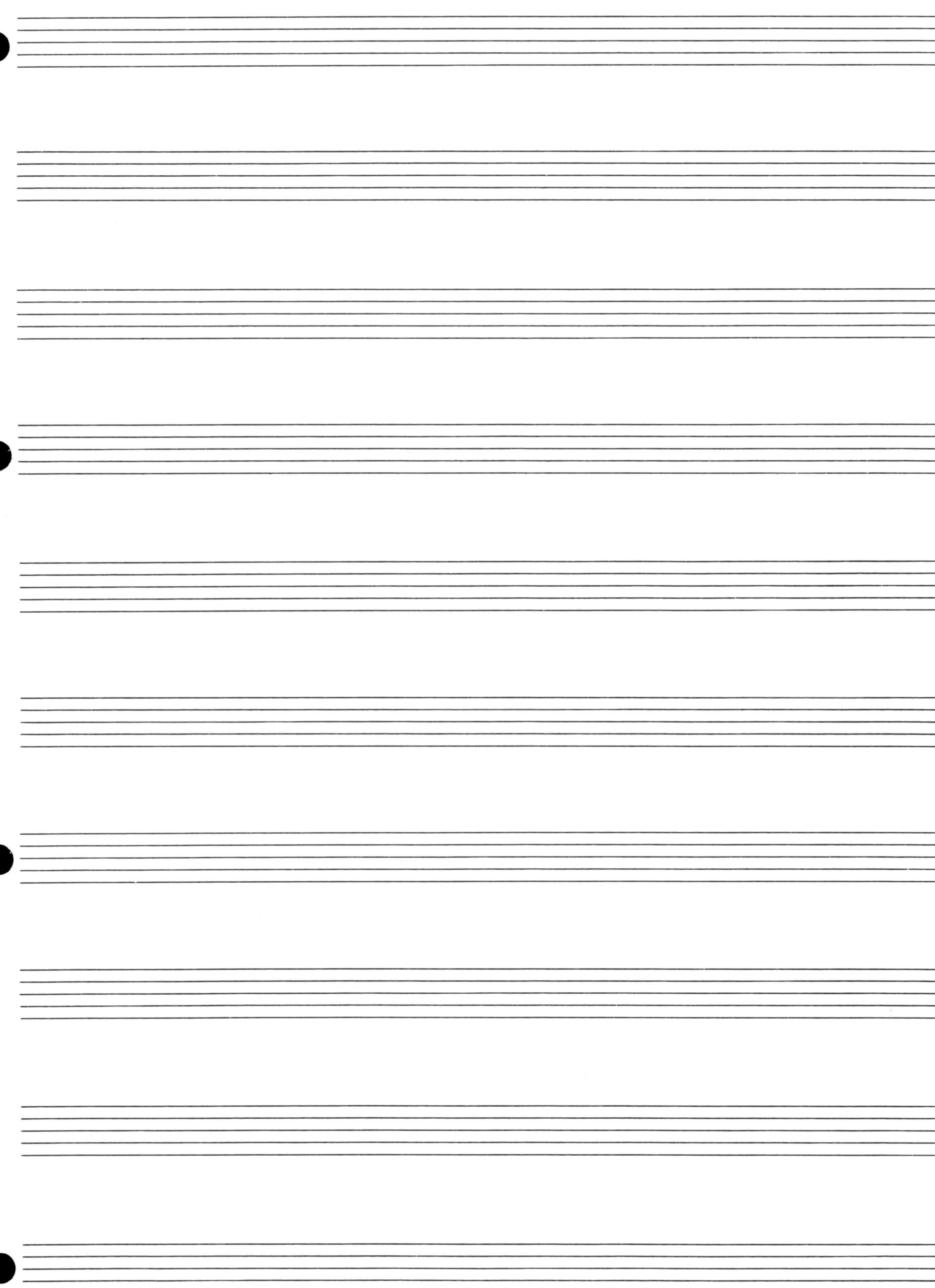

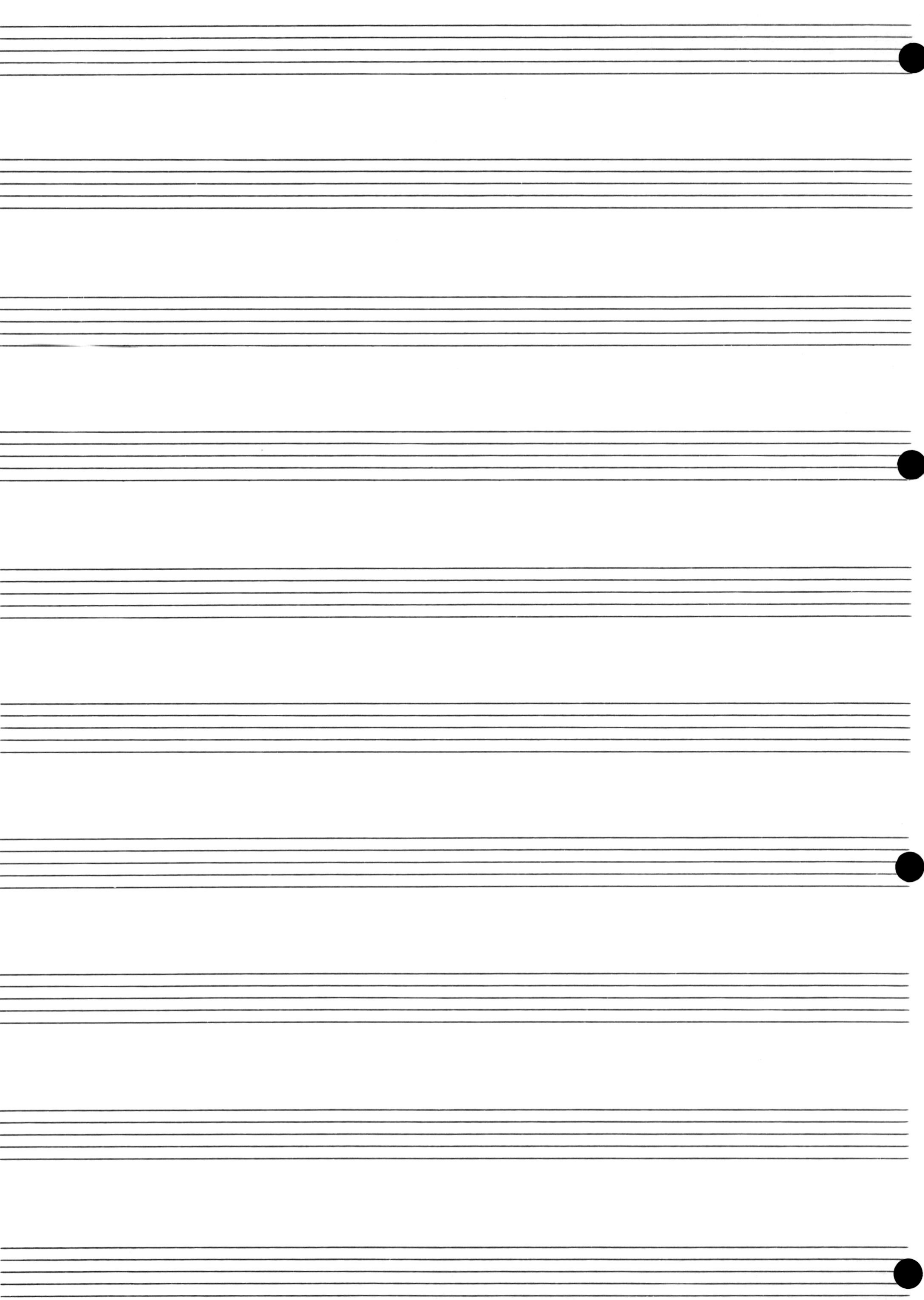

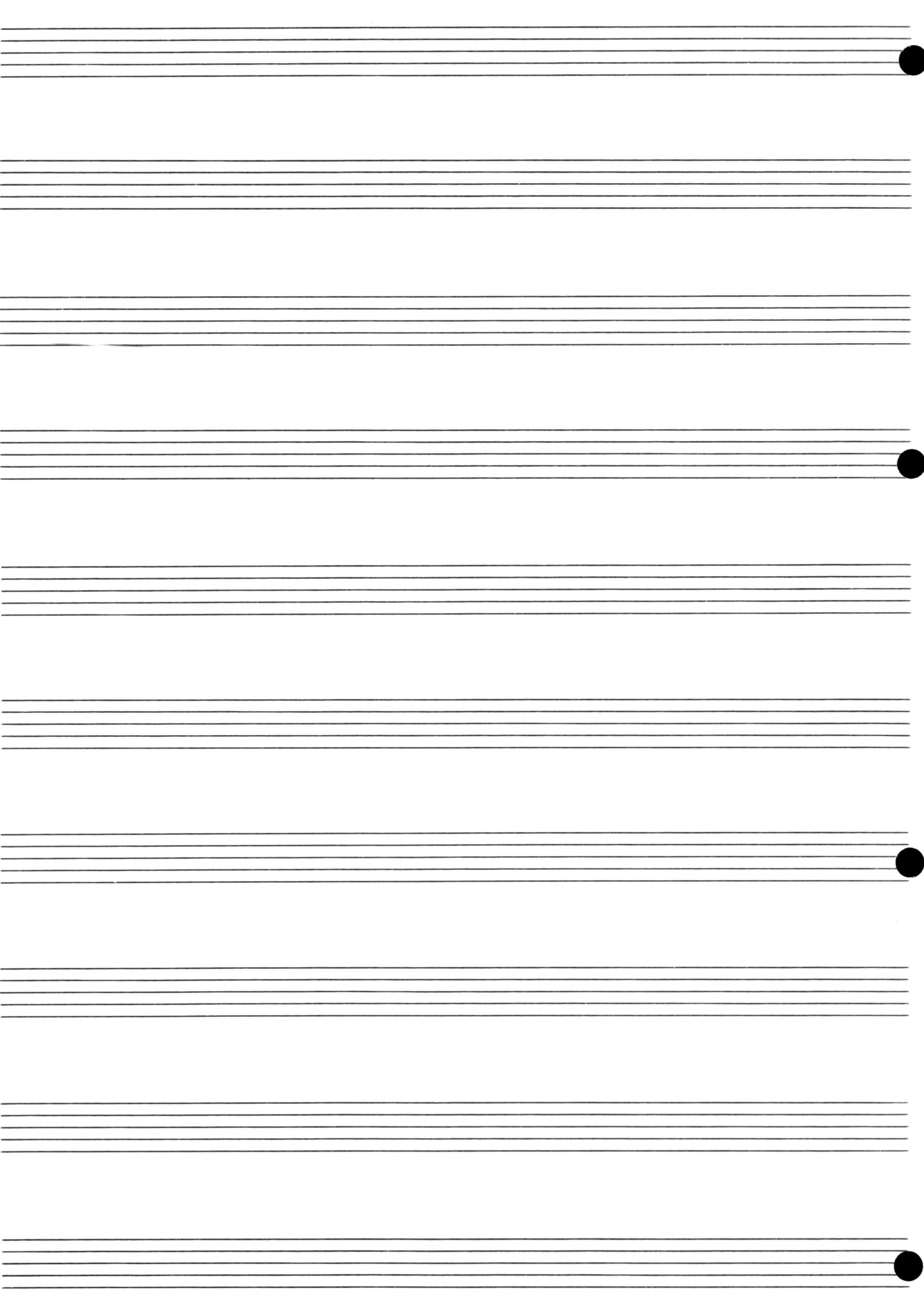

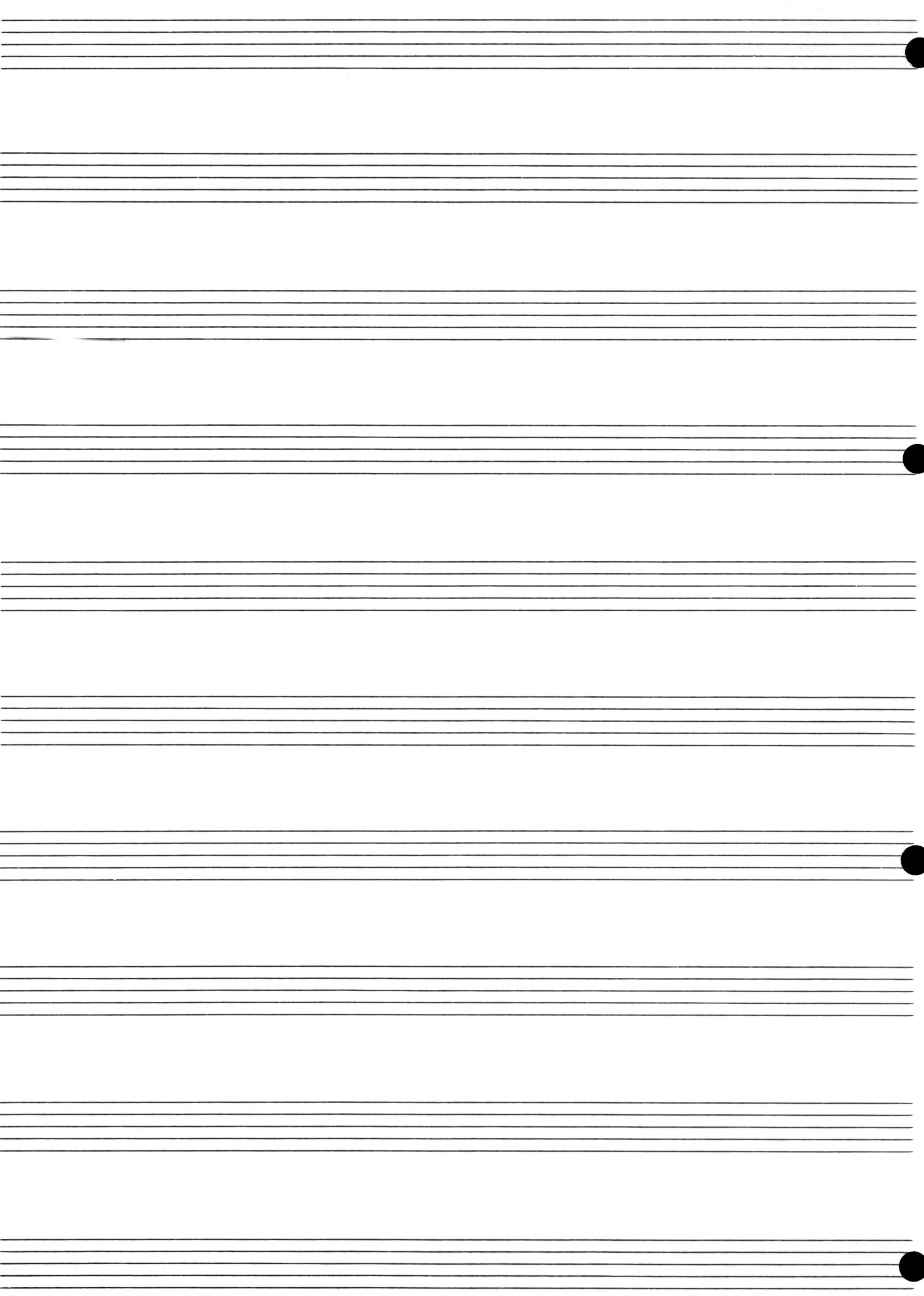

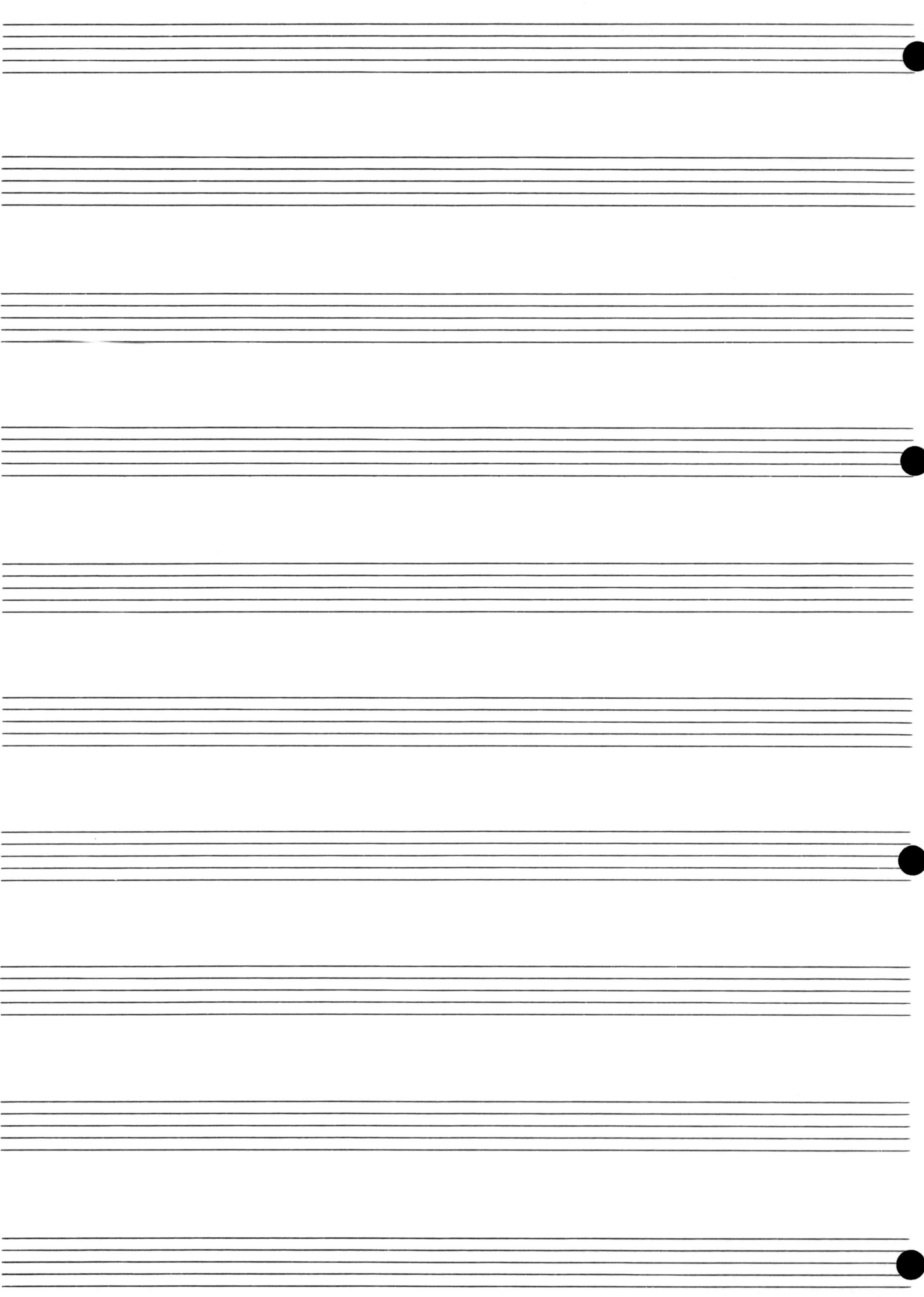

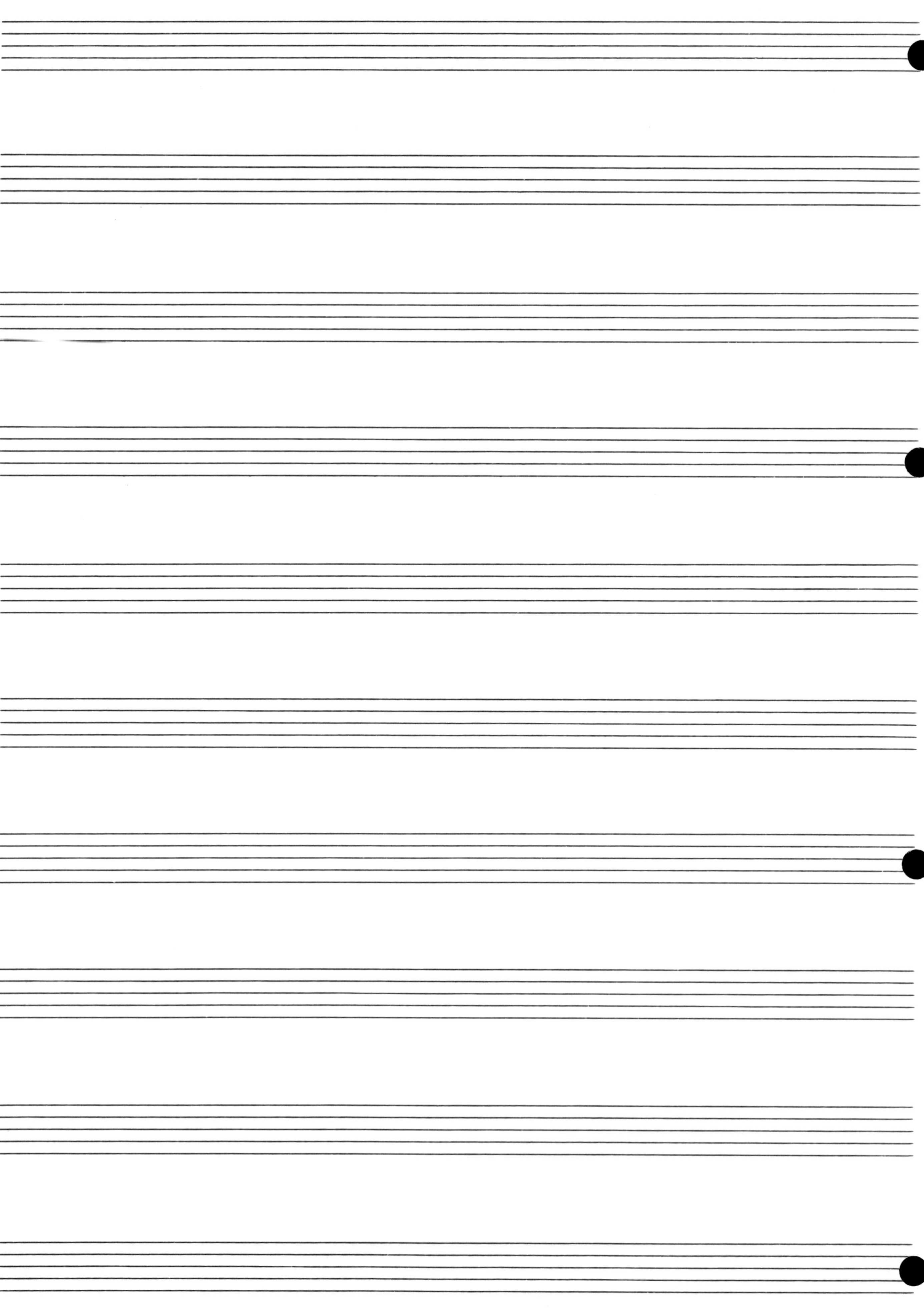

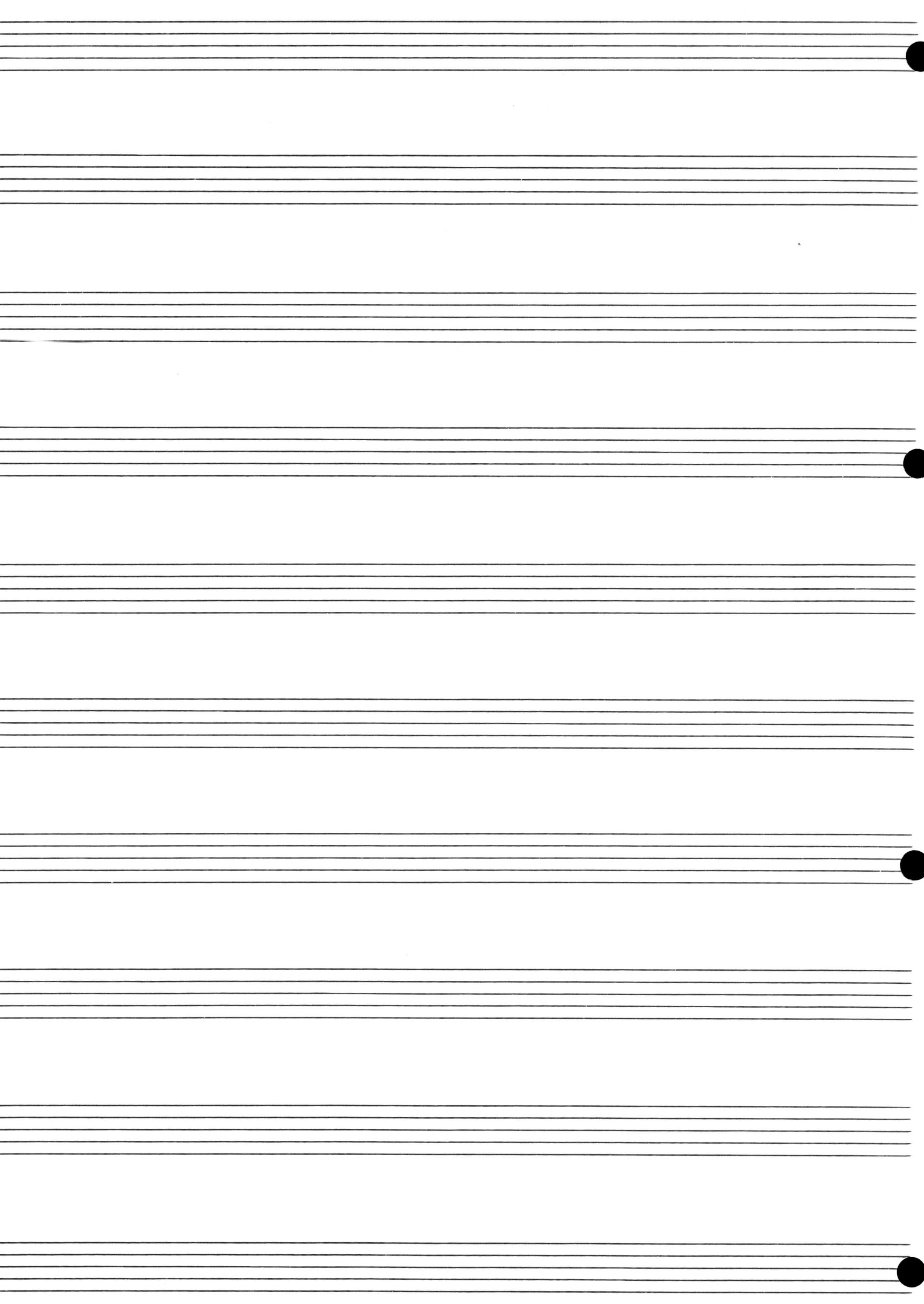

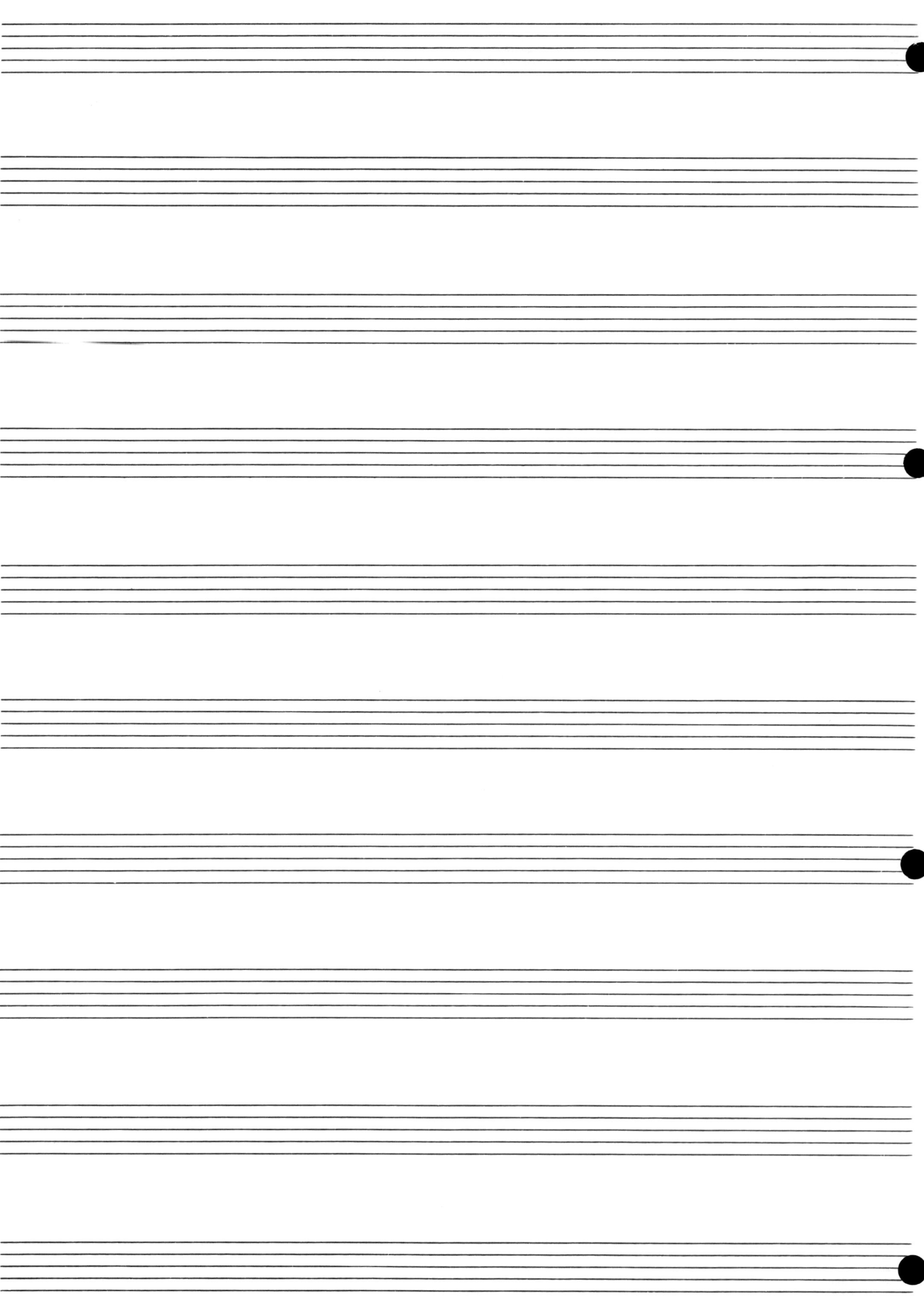

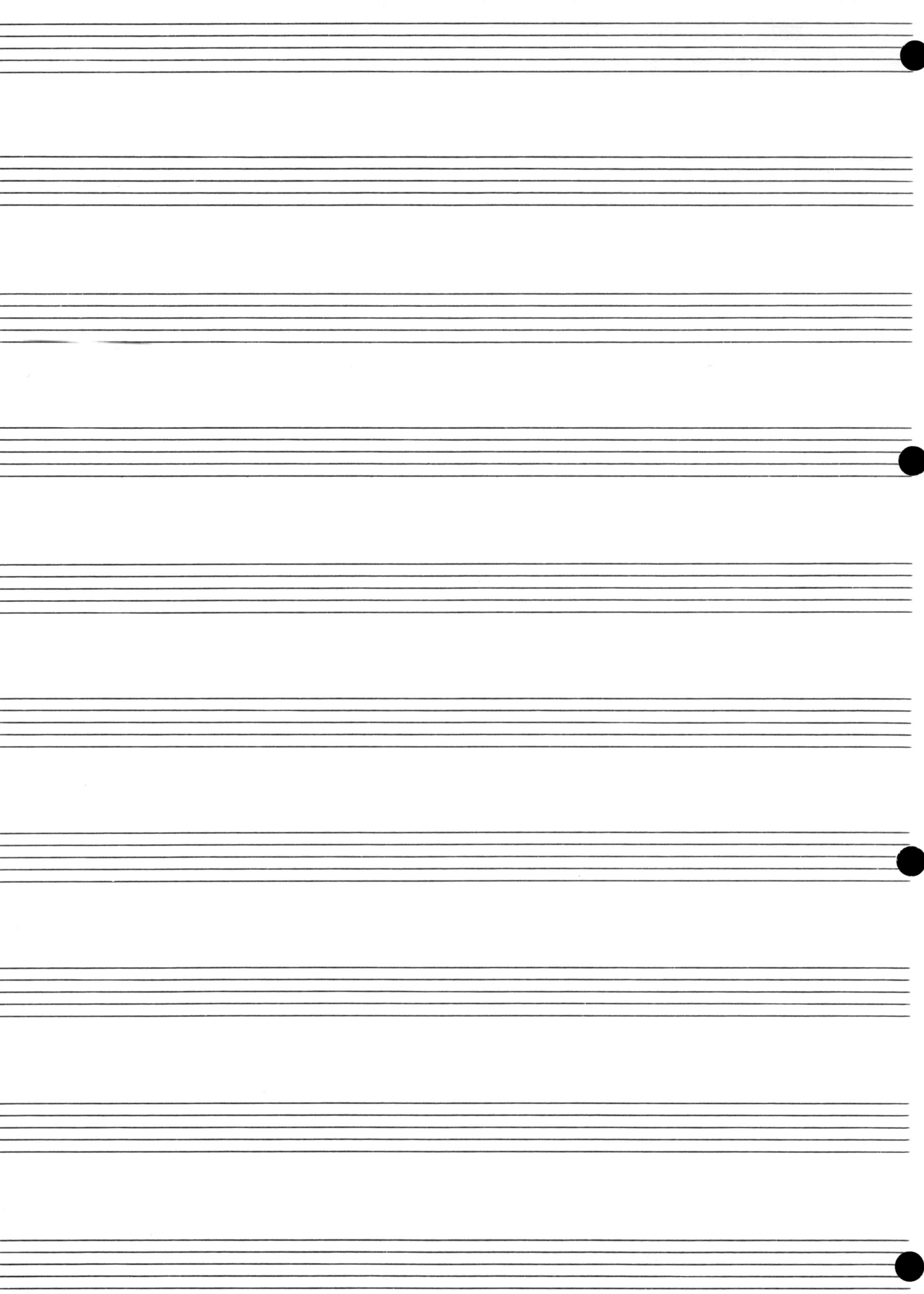

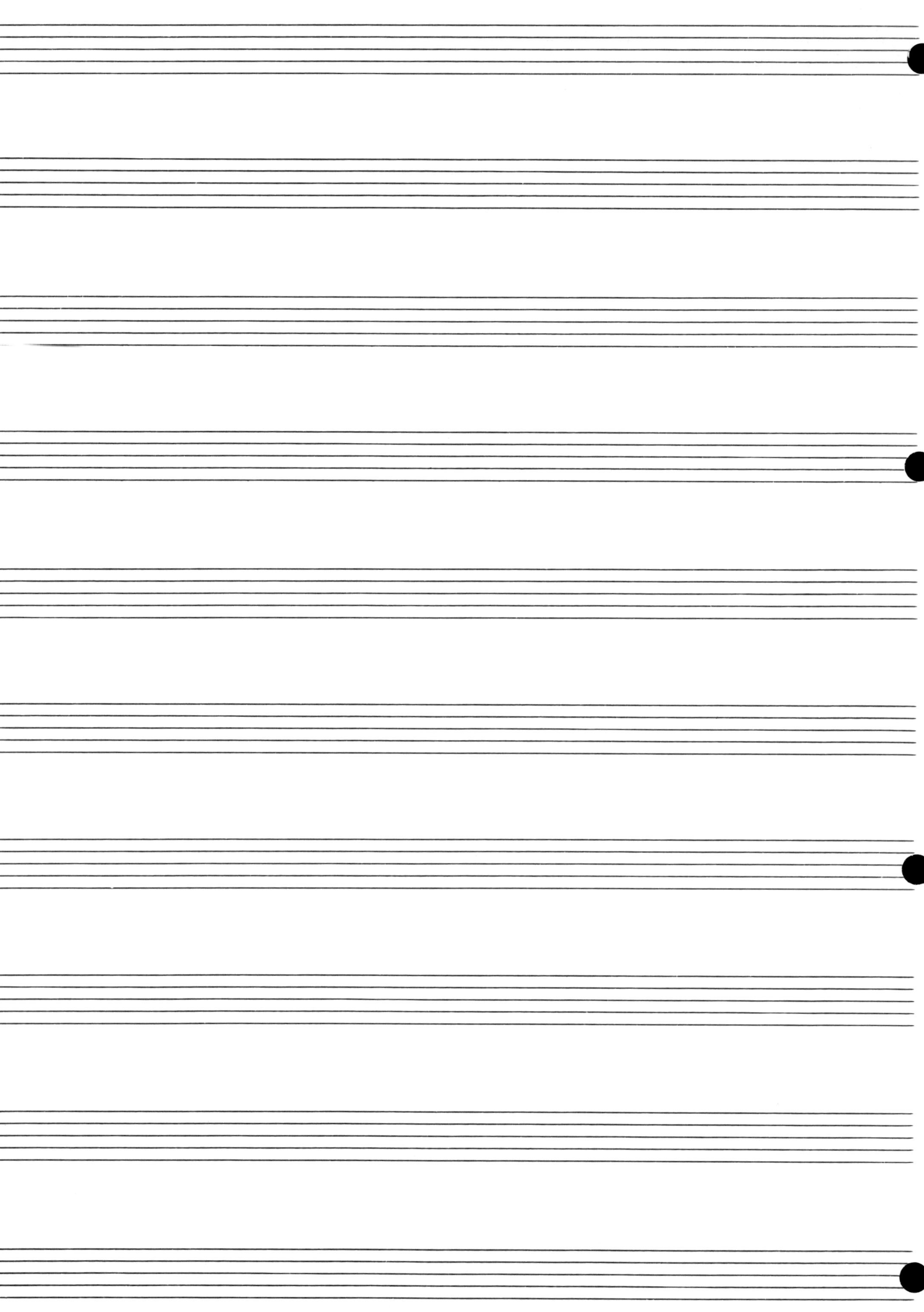

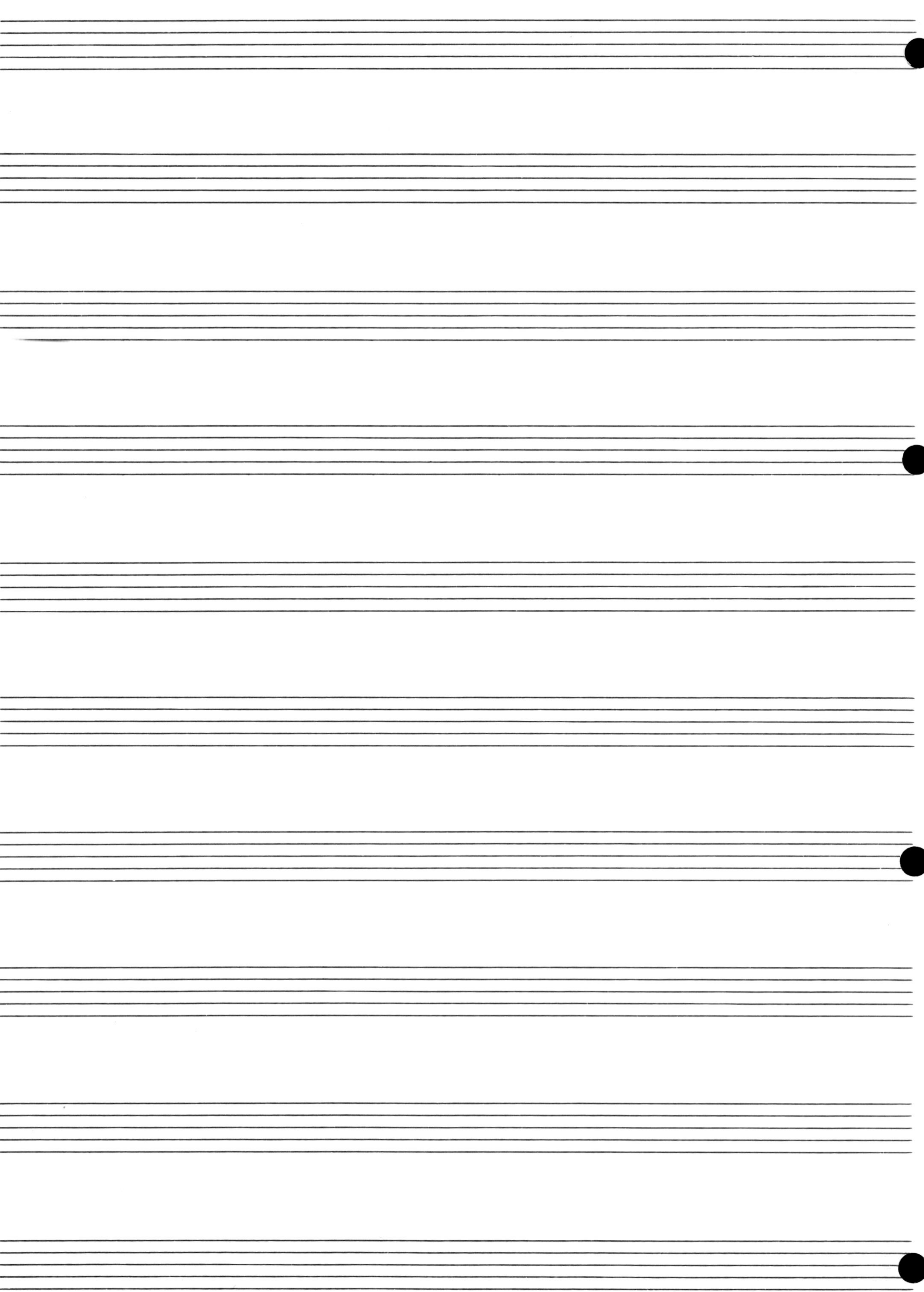

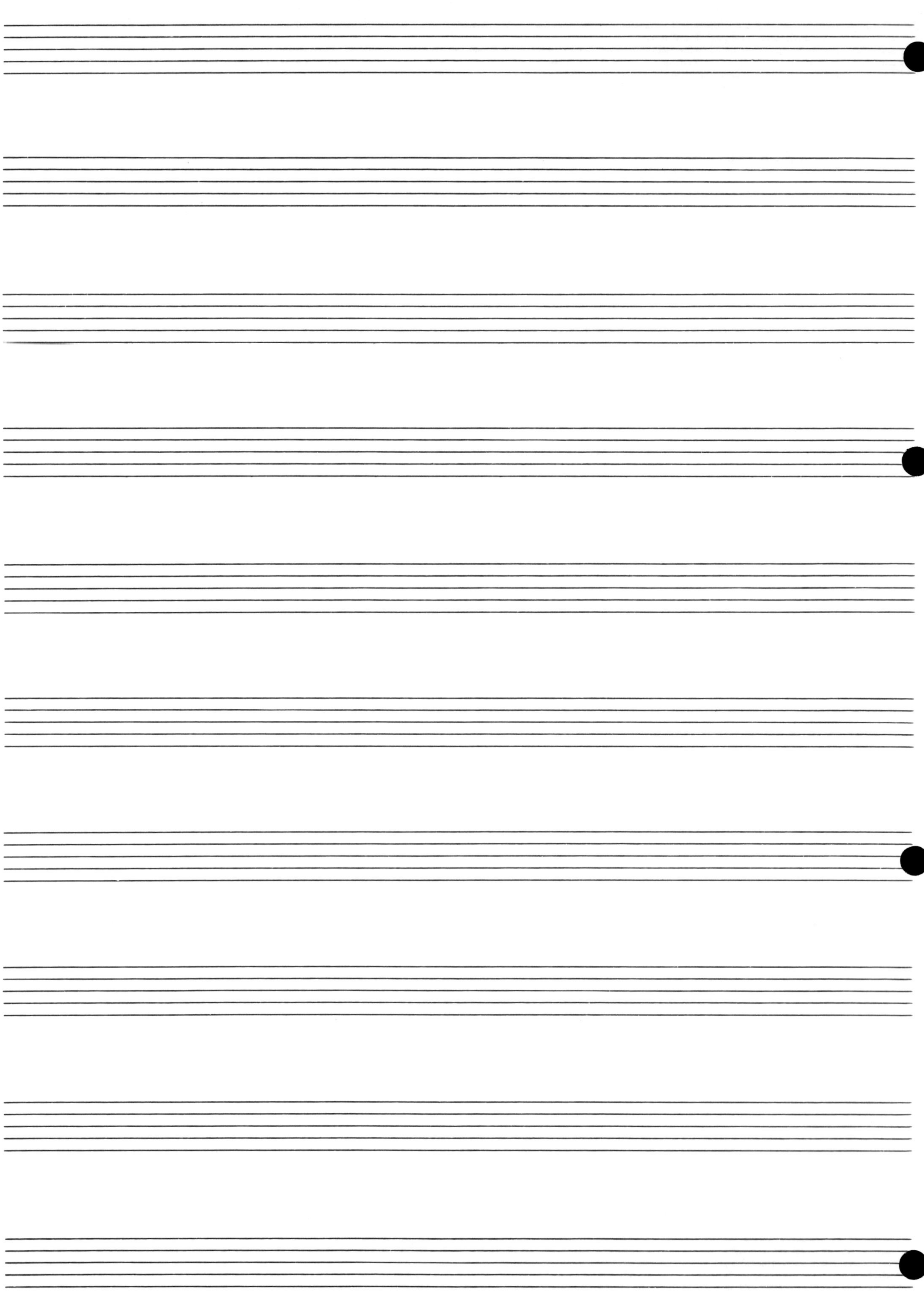

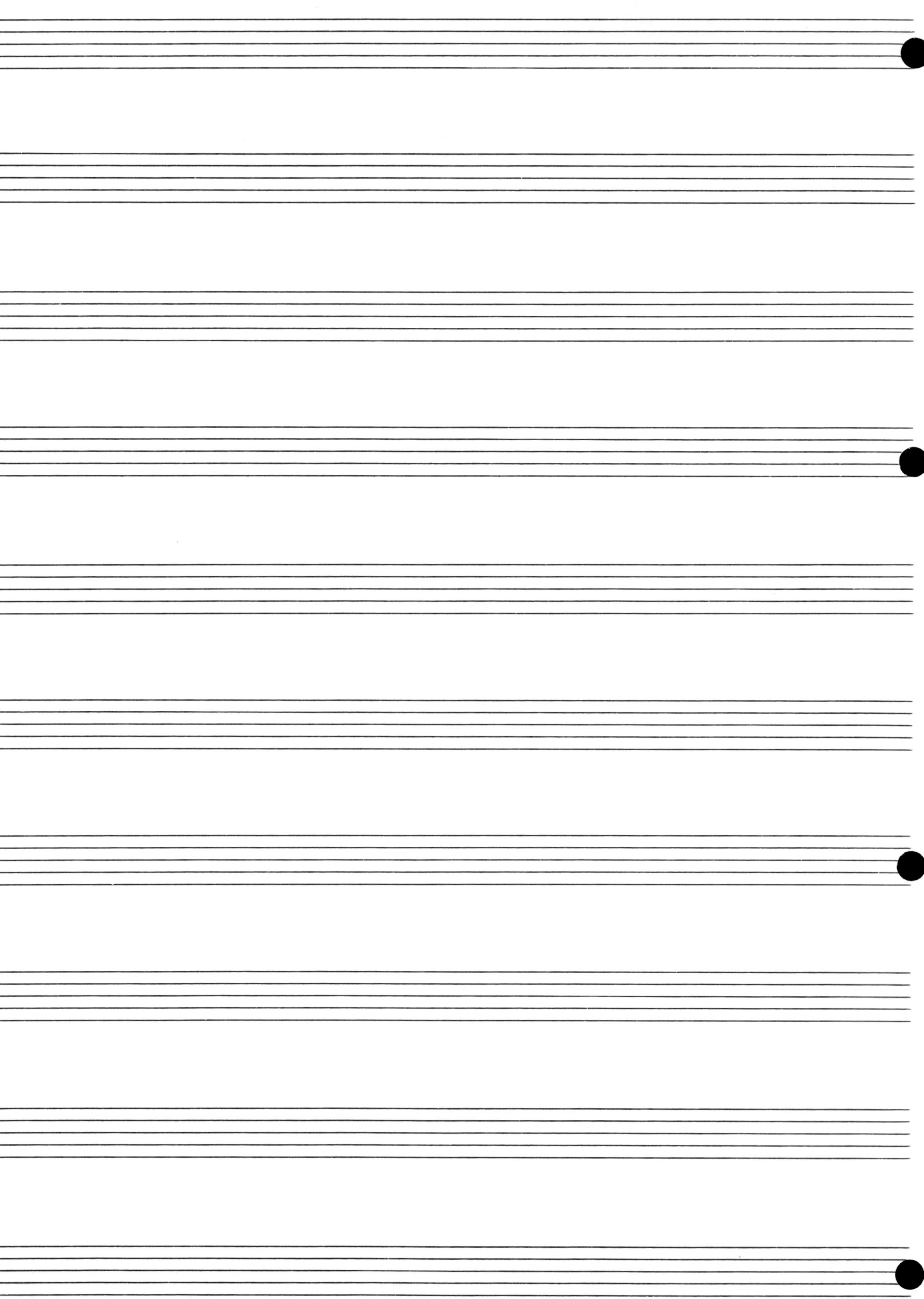

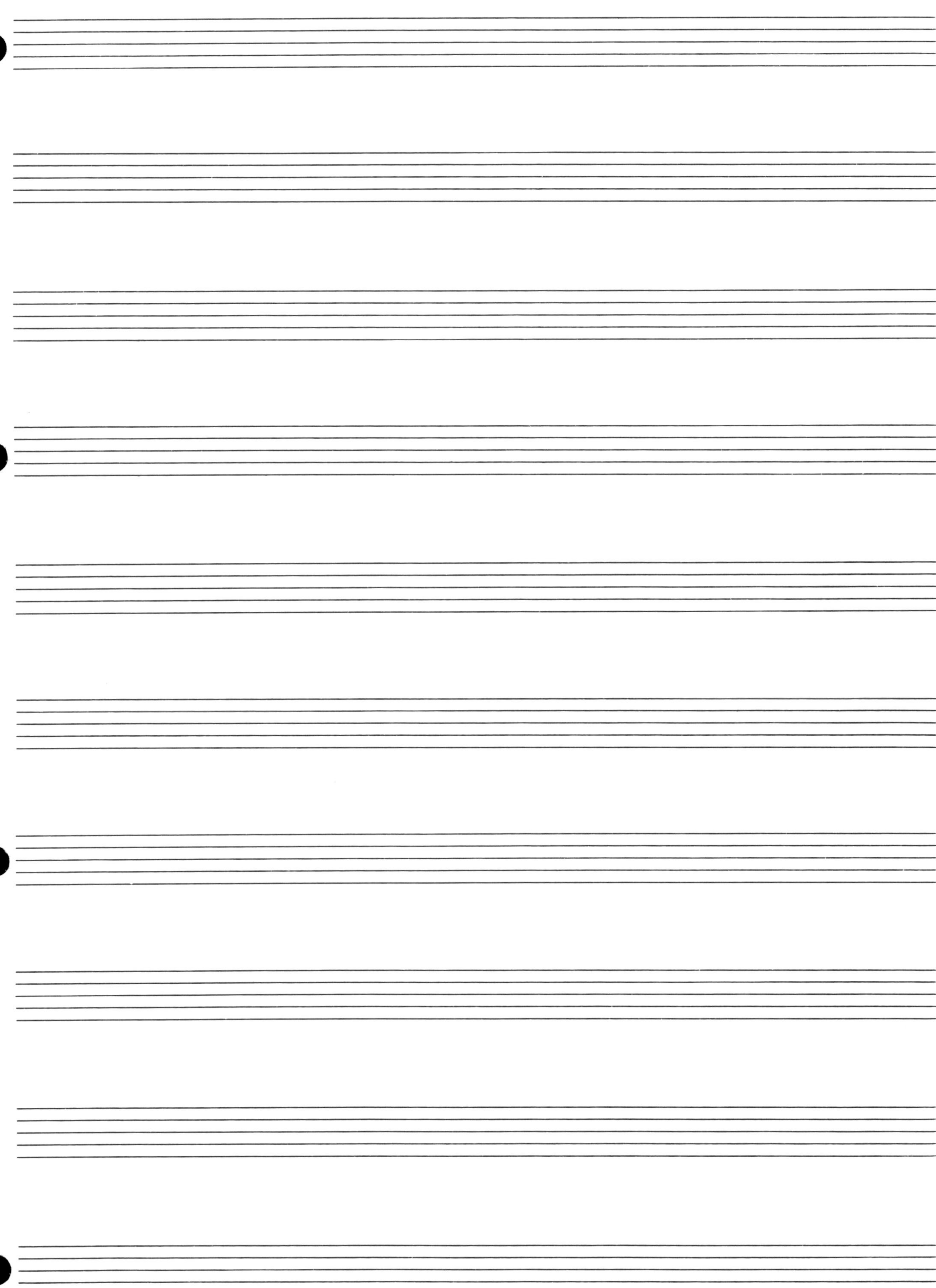

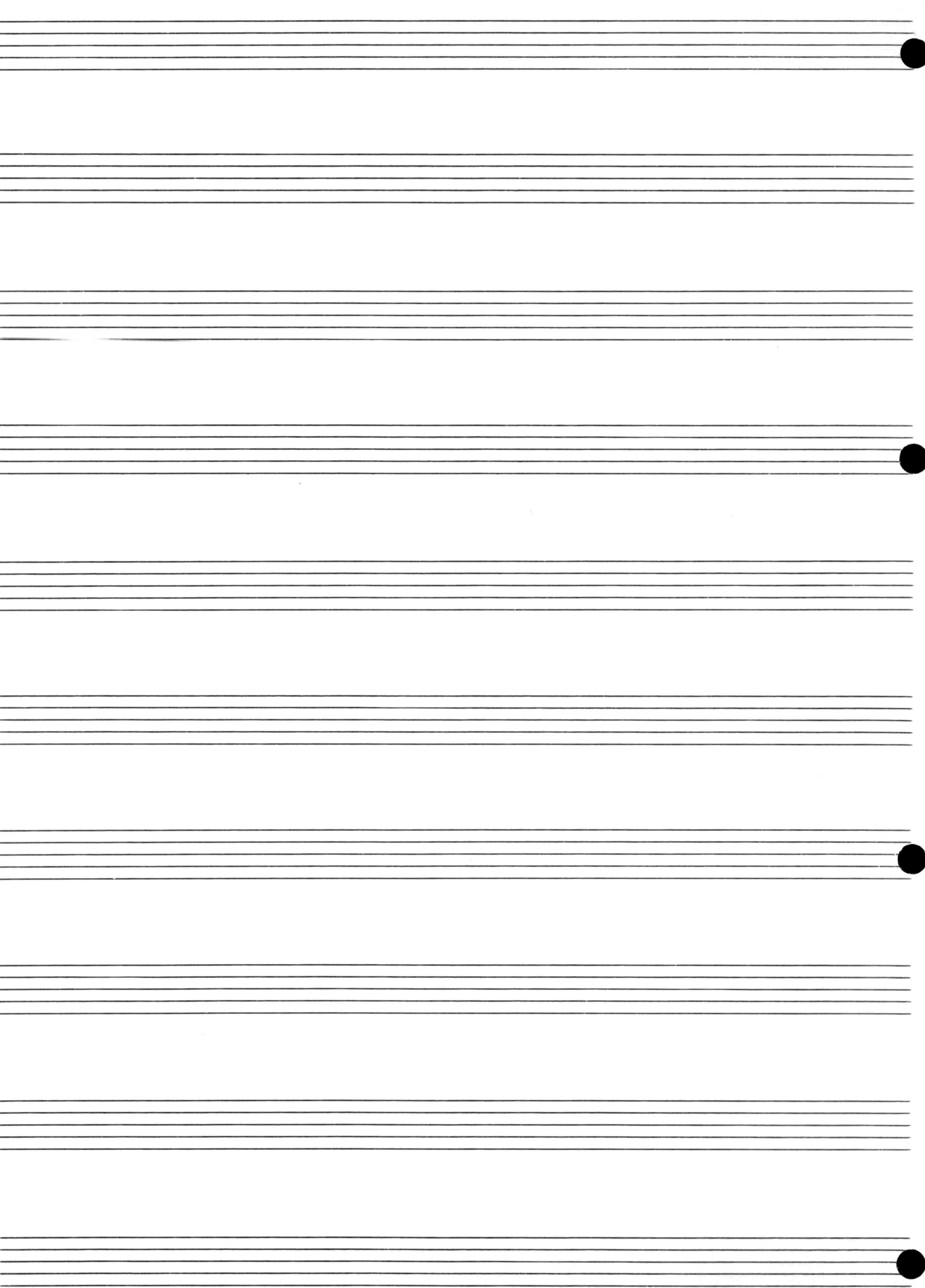

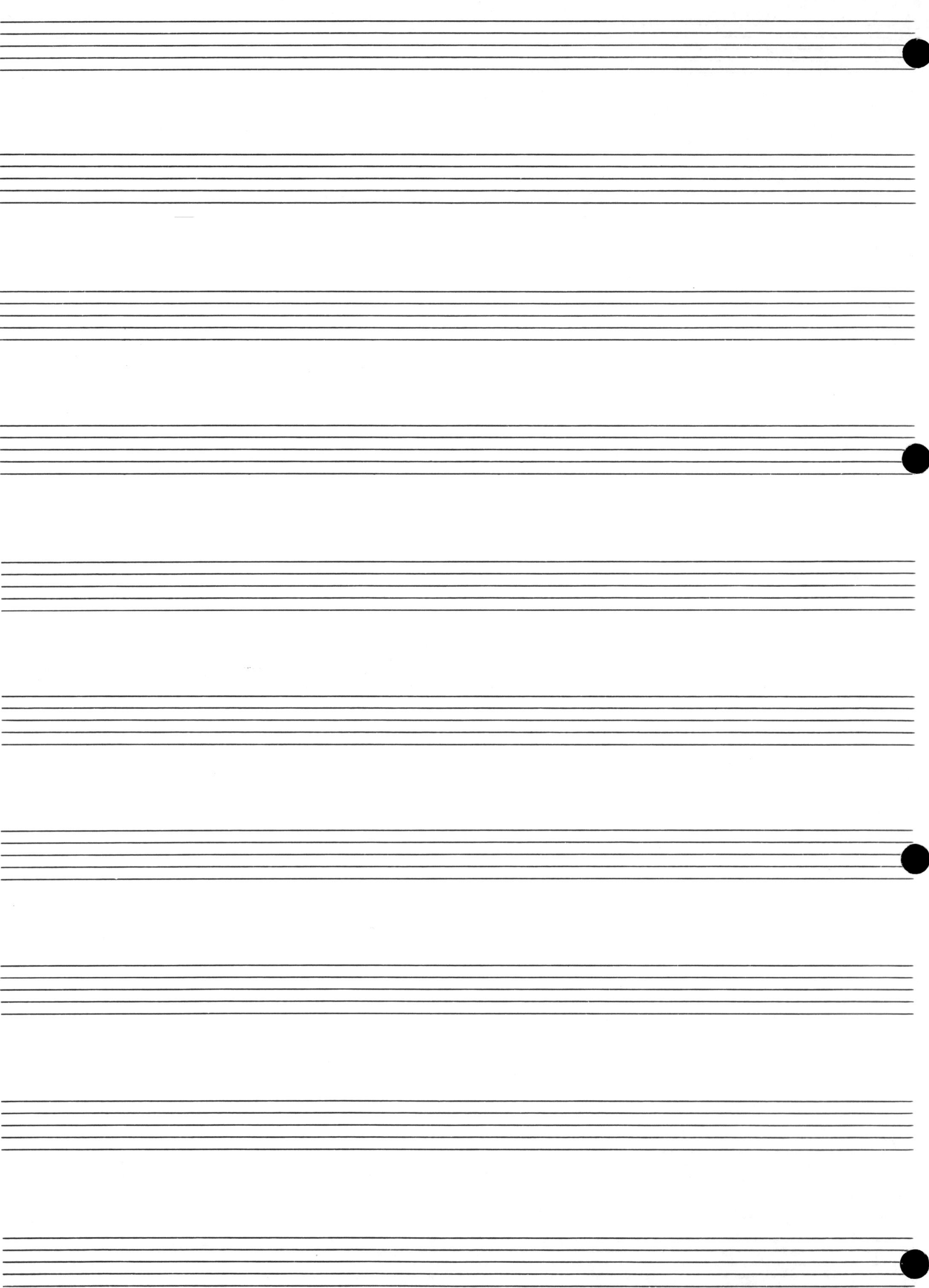